病理学课程思政教学设计

主编　刘端勇　王晓敏　施　旻

全国百佳图书出版单位
中国中医药出版社
·北　京·

图书在版编目（CIP）数据

病理学课程思政教学设计 / 刘端勇, 王晓敏, 施旻主编. -- 北京 : 中国中医药出版社, 2025. 2

ISBN 978-7-5132-6908-7

Ⅰ. D64

中国国家版本馆CIP数据核字第20250EW430号

中国中医药出版社出版

北京经济技术开发区科创十三街 31 号院二区 8 号楼

邮政编码　100176

传真　010-64405721

廊坊市佳艺印务有限公司印刷

各地新华书店经销

开本 710 × 1000　1/16　印张 9.75　字数 170 千字

2025 年 2 月第 1 版　2025 年 2 月第 1 次印刷

书号　ISBN 978 – 7 – 5132 – 6908 – 7

定价　39.00 元

网址　www.cptcm.com

服 务 热 线　010–64405510

购 书 热 线　010–89535836

维 权 打 假　010–64405753

微信服务号　zgzyycbs

微商城网址　https://kdt.im/LIdUGr

官 方 微 博　http://e.weibo.com/cptcm

天猫旗舰店网址　https://zgzyycbs.tmall.com

如有印装质量问题请与本社出版部联系（010–64405510）

《病理学课程思政教学设计》编委会

主　编　刘端勇　王晓敏　施　旻

副主编　钟小冬　李燕珍　钟友宝　胡海生
赵海梅

编　委（按姓氏笔画排序）
刘春花　许星明　邱兰婷　陈文潇
周　文　周志愉　徐优慧　黄佳琦
蒋青青　温晓梨　熊　鹰

编写说明

为贯彻落实中共中央办公厅、国务院办公厅《关于深化新时代学校思想政治理论课改革创新的若干意见》，把思想政治教育贯穿人才培养体系，全面推进高校课程思政建设，发挥好每门课程的育人作用，提升高校人才培养质量，我们组织编写了《病理学课程思政教学设计》。课程思政的实质，是在潜移默化之中开展思想引领，传播先进文化，让学生不断增强文化自信，并将这种自信融入自身的思想和行动中，养成一种文化自觉。同时专业课程教师，应该积极挖掘专业课程中所蕴含的育人元素，并将这些元素有机地融入课程知识点之中，在课堂教学中实现思想引领，促进价值观逐步提升。

病理学是研究疾病发生和发展规律，阐明疾病本质的一门医学基础学科，为疾病的防治提供了重要的理论基础和实践支撑，是联系基础医学与临床医学的桥梁学科，以研究疾病的病因、发病机制、病理变化为主要任务，为疾病的诊断和治疗提供科学依据，在培养医学生的过程中起到了不可或缺的作用。病理学是中医学、中西医临床医学、针灸推拿等相关专业的基础课程，受众面广，其中蕴含大量的辨证法、实事求是的科学精神、理论联系实际的唯物主义思想，以及以人为本的人文素养等丰富的思政元素，为实现病理学思想政治教育目标提供了丰富的教学素材。

我们始终坚持立德树人的宗旨，结合病理学课程的知识点，积极深入探索和挖掘其思政元素，并在简单回顾课程知识要点的基础上，以思政故事、思政主题、知识点融合、思政分析和启发为框架，以爱国主义、科学精神、实事求是、客观真理、人文关怀、生命至上、人生观、价值观、个人修养、学习养成等为主要内容，开展病理学课程思政元素的整理和分析。该书旨在回顾病理学课程知识要点的同时，开展课程思政与专业知识融合，一方面，便于学生掌握病理学课程的专业知识，同时以潜移默化的形式感悟病理学中人文精神和科学精神；另一方面，引导学生树立正确的人生观、价值观和远大理想，培养高尚的爱国主义情操，使其养成良好的学习和生活习惯，同时为病理学课程任课教师提供可供参考的思政元素，为课程思政教学提供素材。

第一章由刘端勇编写；第二章由徐优慧编写；第三章、第十二章由熊鹰编写；第四章、第十章由温晓梨编写；第五章、第十三章及第十四章由钟小冬编写；第六章由周志愉编写；第七章由王晓敏编写；第九章由施旻编写；第十一章由李燕珍编写；钟友宝、陈文潇、蒋青青、周文、黄佳琦、许星明、邱兰婷等负责资料整理和校稿。

鉴于编写人员对专业知识与思政元素的融合把握、理解和运用存在差异，书中不足之处请读者提出宝贵建议，以便再版时修订提高。

《病理学课程思政教学设计》编委会

2024 年 10 月

目录

第一章　绪论

病理学是研究疾病发生和发展规律、阐明疾病本质的一门医学基础学科，其任务是研究疾病发生的原因、发病机制、病理变化和转归，主要研究内容是疾病发生和发展过程中人体细胞、组织和器官出现的形态结构、功能代谢改变，为疾病的诊断、治疗和预防提供理论基础和实践依据。

第一节　绪论相关知识

一、病理学的发展简史

人类自诞生以来，始终与疾病共存，因此对疾病的病因和性质的探索从未停止。病理学是在人类探索和认识疾病的过程中应运而生的，但其发展也受到人类认知能力的限制。

在远古时期，人们对生病的解释往往归结于神灵或者巫术。随着生产力的发展，人们对疾病有了进一步的认识，我国秦汉时期的《黄帝内经》、汉代张仲景撰写的《金匮要略》《伤寒论》、隋唐时期巢元方撰写的《诸病源候论》、南宋时期宋慈撰写的《洗冤集录》等都对疾病的发生和发展进行了论述。

西方随着文艺复兴运动和自然科学技术的发展，激励人们用观察和分析的方法去了解人体和相关疾病，尸体解剖开始于欧洲开展。意大利医学家莫干尼根据 700 余例尸检材料，于 1761 年出版了《论疾病的位置与原因》一书，他认为不同疾病是由相应器官的病理形态改变而引起的，并创立了器官病理学，这标志着病理形态学研究的开始。1858 年，德国病理学家鲁道夫・魏尔啸首创并出版了《细胞病理学》，指出疾病是异常细胞事件，对整个医学的发展作出了重大贡献。此后的一个半世纪，经过科学家的临床研究，逐渐形成并完善了病理学的学科体系。

20 世纪 60 年代，随着电子显微镜的发明，病理学研究进入了亚细胞水平。近年来，随着分子和细胞生物学、免疫学、遗传学等学科的发展，将大量新科学技术应用于病理学的研究中，极大地推动了学科发展。

二、病理学的研究方法

根据研究对象的不同，可分为人体病理学和实验病理学。前者通过尸体解剖或从患者体内获得的材料为研究对象对疾病进行研究；后者以疾病的动物模型或在体外培养的细胞为研究对象对疾病进行研究。

（一）人体病理学研究

1. 尸体解剖检查 对病死者的遗体进行病理剖检，即尸体解剖检查，简称为尸检，是病理学的基本研究方法之一。尸检可以直接观察疾病的病理变化，从而明确疾病的诊断，查明死因；帮助临床相关学科探讨、验证诊断和治疗是否正确和恰当；总结经验，以提高医疗服务质量；为正确解决医疗事故和医疗纠纷提供证据；能及时发现和诊断某些传染病、地方病及新发疾病，为防疫部门采取防治措施提供科学依据。

2. 活体组织检查 用局部切除、钳取、穿刺、搔刮等手术方法，从患者体内获取病变组织进行病理诊断，即活体组织检查，又称活检，是目前诊断和研究疾病广泛采用的方法之一，特别是对肿瘤良恶性的诊断具有重要意义。活检能及时、准确地对疾病做出病理诊断，为指导治疗、研判预后提供重要依据。活检取下的材料新鲜，能基本保存病变组织的结构，较好地反映病变特点。

3. 细胞学检查 通过采集病变处的脱落细胞，涂片染色后进行病理诊断称为细胞学检查。细胞学检查多用于肿瘤的普查和诊断，所需设备简单、操作方便、患者痛苦少、费用低，但多数情况下要确定恶性肿瘤还需进一步做活检证实。

（二）实验病理学研究

1. 动物实验法 在适宜的动物上复制出某些人类疾病或病理过程的模型，

以便进行病因学、发病机制、病理变化及疾病转归的研究；也可以进行治疗方法、药物筛选和不良反应的观察。该方法的优点是可以弥补人体病理学研究的局限和不足，但人类与动物之间存在着物种差异，因此动物实验法的结论仅具有参考意义而不能直接用于人体。

2. 组织和细胞培养法　将某种组织或细胞用适宜的培养基在体外培养，可研究在各种病因下细胞、组织病变的发生和发展规律。该方法的优点是周期短、见效快、费用低、干预因素单一、易于控制；缺点是孤立的体外环境与复杂的体内环境不同，不能将体外研究结果与体内过程进行简单的等同。

第二节　绪论之课程思政

思政故事

《洗冤集录》：一代法医经典

《洗冤集录》，又名《洗冤录》《宋提刑洗冤集录》。该书由南宋宋慈编著，书成于淳祐七年（1247 年）。全书由检验总说、验伤、验尸、辨伤、检骨等 53 项内容组成，并对犯罪、犯罪侦察等有关断案、法吏检验程序等亦详细论述。本书内容丰富，见解精湛，书中大部分内容源于实践经验，是我国较早、较完整的法医学专著。后世法医学著作多以本书为基础，或加以注释，或予以增补，其对世界法医学的发展作出了巨大贡献。

《洗冤集录》中提出“五绝”是指难产、惊吓、缢吊、梦魇、溺水。宋慈认为，可先将伤者盘屈在地上，像僧人打坐，再让人抓住伤者的头发往后拉，取半夏的粉末用竹筒、纸筒或笔管吹进伤者的鼻孔里，可能会救活。生半夏有毒，入口后有强烈的麻舌感和刺激感。正因为半夏有强烈的刺激感，所以在宋慈的“救死方”中用它来救治那些濒死者，让他们受到刺激后苏醒过来。一旦用生半夏救活后，再用生姜汁灌之，因为生姜可解半夏之毒。

在《洗冤集录》“火死”部分，曰：“凡生前被火烧死者，其尸口鼻内有烟灰，两手脚皆蜷缩；缘其人未死前被火逼奔争，口开气脉往来，故呼吸烟灰入口鼻内。若死后烧者，其人虽手足蜷缩，口内即无烟灰。若不烧着两肘骨及膝骨，手脚亦不蜷缩。”此部分内容对不同死因的死者进行了分析和鉴别。接着，其又提出若被刃杀死，却作火烧死者，勒件作拾起白骨，扇去地上灰尘，于尸首下净地上，用酽米醋、酒泼；若是杀死，即有血入地鲜红色。须先问尸首生前宿卧所在，却恐杀死后移尸往他处，即难验尸下血色。”其还提出如何通过酽米醋、酒泼等方式进行验尸，这些方法在现代法医学和病理学中仍有借鉴与应用。

由此可见，宋慈书中所载是亲身经历，也是在实际事件中得以佐证。虽然当时条件有限，部分内容可能难以考证，但其中的案例和记载对后世之研究有很大的借鉴意义和研究价值。

【思政主题】

追本溯源，文化自信。

【知识点融合】

我国病理学发展受传统文化和技术发展的影响，发展速度缓慢。在古代，一批又一批的医学先贤，突破禁锢，开启了我国医学领域内的相关研究和探索，编纂了《黄帝内经》《诸病源候论》《洗冤集录》等论著。这些论著包含丰富的疾病发生和发展规律的论述，其研究历史远早于西方。近代以来，我国的生产力得以快速发展，病理学界的英才们努力工作，开拓创新，取得了举世瞩目的成就。

【分析与启发】

1. 法医经典，家国情怀 中华民族有着悠久的历史，中医学的发展也源远流长，作为医务工作者应该追本溯源。

2. 积累经验，融会贯通 在科学技术发展缓慢的年代，宋慈能够通过积累和观察大量的案例和尸检材料，总结分析，再进行推理，最终汇编成较完整的法医学专书是值得敬佩的。正是宋慈注重细节，总结办案经验，能够融会贯通，才能撰成书，最后得以流传于世。

3. 辨证思维，开拓创新 传统观念对尸检是忌讳的，在古代，想要积累大量的尸体素材更是难上加难。但宋慈敢于突破固有思维，不仅在办案中观察尸体病理变化，而且详细地将其记录下来，撰书立著，为后世医学研究作出贡献。

思政故事

我国病理学的开创者和奠基者：徐诵明

徐诵明，字轼游，浙江绍兴人，是我国病理学的开创者和奠基者。他 5 岁入私塾，24 岁考入浙江高等学堂，28 岁东渡日本求学，中华人民共和国成立后，他主持并规划了全国医药院校的筹建工作。徐诵明丰富的经历和学识、满腔的爱国热情，对我国西医学的发展作出了巨大贡献。

1919 年，徐诵明学成归国，任教于国立北京医学专门学校，这是依靠我国力量开办的第一所西医学校。在这之前，我国的病理学领域内容空白，徐诵明把病理学概念引入国内，创建学科，成为当时我国唯一的病理学教授。他翻译了《病理学》教材，审定病理学的中文名词，为学科发展打下扎实基础。当时一些学校的老师是用英文授课的，但徐诵明坚持用中文授课，并在课堂中使用中文医学名词，推动了我国西医学的广泛传播。在学术方面，徐诵明集百家之长，融会贯通，在授课过程中不局限于教材，而是广泛地引用最新的医学文献，充实授课内容，成效卓著。与此同时，徐诵明筹建了第一所自办的病理学研究室，冲破传统思想禁锢，积累了大量的尸检标本，推进尸体解剖研究进展，为我国医学发展作出了巨大贡献。

【思政主题】

呕心沥血办教育，学贯中西兴医学。

【知识点融合】

病理学是基础医学与临床医学之间的“桥梁学科”，它在医学发展中有着不可替代的重要作用。病理学研究内容：①阐明疾病发生的原因，包括内因、外因及其相互关系。②揭示在病因作用下，导致疾病发生和发展的具体环节、机制和过程。③研究在疾病发生和发展的过程中，机体的功能代谢和形态结构变化，以及这些变化与临床表现（症状和体征）之间的关系。④探明疾病的转归和结局等。病理学为掌握疾病的本质，以及疾病的诊断、治疗和预防，奠定了科学的理论基础。

我国病理学学科的发展，是在前辈学者奠定的坚实基础之上，经过一代又一代病理学者的共同努力，已经有了长足的进步，在人才队伍和科研条件的建设上，已得到了显著的发展。多年来，我国现代病理学先驱徐诵明、胡正详、梁伯强、谷镜汧、侯宝璋、林振纲、秦光煜、江晴芬、李佩琳、吴在东、杨述祖、杨简、刘永等人，为病理学教学、科学研究及师资培养等发展，呕心沥血，艰辛奋斗，功绩卓著。在他们的参与下，我国专家编著了具有本国特色的病理学教科书和参考书。尽管如此，我们还需积极探索人体病理学学科发展，充分运用各种方法吸纳世界先进的科学技术，同时还要结合我国的实际情况，开发和创立自己的新技术，加强我国的实验病理学研究工作，使病理学的发展跟上世界发展的步伐，并在某些方面处于领先地位。

【分析与启发】

1. 信念坚定，科教兴国 爱国开明、公正厚道、尊重教师、学术自由是徐诵明一贯的治校原则。他一直坚定信念，为国育才，为我国医学教育事业的发展提供了基础和保障。

2. 学贯中西，敢为人先 徐诵明面对当时我国病理学领域相对空白的状态，作为当时的病理学教授，他率先在国内创建病理学学科，并成立了我国第一个病理学教研室。他还是第一个用中文讲授西医学的教授。另外，他还“冲破”传统思想禁锢，收集尸体标本，以供教学和研究使用。

第二章　细胞和组织的适应、损伤与修复

第一节　细胞和组织的适应、损伤与修复的相关知识

一、适应

适应是指细胞、组织、器官耐受内外环境各种有害因子的刺激作用而得以存活的过程。适应的形态学改变主要表现为萎缩、肥大、增生和化生。

（一）萎缩

萎缩是指发育正常的细胞、组织或器官体积缩小，本质上是由于组织器官的实质细胞体积变小，常伴细胞数量的减少。萎缩可分为生理性萎缩和病理性萎缩。

1. 生理性萎缩　如老年性萎缩。

2. 病理性萎缩　如营养不良性萎缩（脑动脉粥样硬化脑萎缩等）、压迫性萎缩（肾盂积水肾萎缩等）、失用性萎缩（久卧不动肌肉萎缩等）、去神经性萎缩（脑脊髓损伤的肌肉萎缩等）、内分泌性萎缩（因某种原因引起肾上腺激素减少的肾上腺萎缩等）。

（二）肥大

肥大是指细胞、组织或器官体积增大。肥大的组织和器官常伴细胞数量的增多，所以肥大常与增生并存。

1. 生理性肥大　如妊娠子宫平滑肌肥大。

2. 病理性肥大 如代偿性肥大（高血压引起心肌肥大等）、内分泌性肥大（前列腺肥大等）。

（三）增生

增生是指器官、组织内实质细胞的数目增多。增生可分为生理性增生和病理性增生。

1. 生理性增生 如青春期乳腺增生。

2. 病理性增生 如雌激素分泌过多导致子宫内膜过度增生，引起功能失调性子宫出血。

（四）化生

化生是指一种分化成熟的细胞因受刺激而转化为另一种分化成熟细胞的过程。

大多数化生发生在同源组织细胞之间，即上皮细胞之间或间叶细胞之间。一般是由特异性较低的细胞类型取代特异性较高的细胞。化生的类型主要有如下几种。

1. 鳞状上皮化生 常见于气管、支气管、子宫颈。

2. 肠上皮化生 常见于胃黏膜。

3. 骨组织化生 常见于间叶组织、纤维组织。

化生的生物学意义利弊兼有。例如，支气管的假复层纤毛柱状上皮化生鳞状上皮，其能增强呼吸道黏膜抵御外界刺激的能力，但原有假复层纤毛柱状上皮的一些重要保护机制，如黏液分泌和自净功能已丧失。此外，如果化生长期存在，可能促使细胞恶变，如呼吸道鳞状上皮化生与呼吸道鳞状细胞癌的发生有一定相关性。因此，某些化生属于与肿瘤细胞演变相关的癌前病变。

二、损伤

损伤包括变性和坏死。

（一）变性

细胞或细胞间质内，出现各种异常物质或原有正常物质的异常增多，常伴有组织器官的功能降低。变性常见类型如下。

1. 细胞水肿　细胞水肿是指细胞质内水分增多而致细胞体积增大，往往是细胞损伤中最早出现的形态学改变，好发于肝、心肌、肾小管上皮等实质细胞。细胞水肿常见于缺血缺氧、感染、中毒及高热等因素影响，使细胞内线粒体受损，使三磷酸腺苷（ATP）生成减少，导致细胞的能量供应不足，钠钾泵功能障碍，导致细胞内的钠、水潴留。

肉眼观，受累脏器体积增大，颜色变淡。镜下观，损伤细胞体积变大，胞质颗粒样变，气球样变。

2. 脂肪变性　脂肪变性是指非脂肪细胞的胞质内出现明显脂滴或者脂滴增大。脂肪变性的原因包括缺血缺氧、严重感染、糖尿病、肥胖、营养障碍及慢性酒精中毒等。

因脂类代谢主要是在肝细胞中进行，故肝脂肪变性最为常见，也可见于心肌细胞和肾小管上皮细胞。

肉眼观，发生脂肪变性的脏器体积增大，淡黄色，切面触之油腻感。镜下观，石蜡切片（HE 染色）为“球形脂滴”呈空泡状，苏丹Ⅲ染色呈橘红色，锇酸染色呈黑色。

3. 玻璃样变　玻璃样变，又称透明样变，是指细胞内或间质中出现均匀一致、半透明状、红染的蛋白质蓄积。

根据病变累及的部位，玻璃样变可分为细动脉壁玻璃样变、纤维结缔组织玻璃样变、细胞内玻璃样变。

（二）坏死

坏死是指活体内以酶溶性变化为主要特点的局部组织细胞的死亡。多数情况，坏死是由变性发展而来的；少数情况，坏死是由极强烈的损伤因素直接引起的。病理失活组织特点：肉眼观，外观无光泽，暗淡混浊；失去正常组织的弹性，组织提起或切割后，回缩不良；无血液供应，故局部温度降低，血管无搏动，切割时无鲜血流出；丧失感觉及运动功能。镜下观，细胞核的变化是细胞坏死的主要标志，包括核固缩、核碎裂、核溶解。

损伤因素的性质和组织自身的结构决定坏死的类型。一般而言，蛋白质的变性和细胞的酶性消化是其基本过程。坏死的类型有以下几种。

1. 凝固性坏死　是指坏死组织呈凝固状态，并在一定时间内保留原有组织的轮廓。凝固性坏死易发生在心、肝、脾、肾等蛋白质含量丰富的实质器官，常发生于局部缺血缺氧、细菌毒素、理化损伤之后。肉眼观，坏死组织呈灰白或灰黄色、质硬，周围有暗红色充血出血带，与周围健康组织分界清楚。镜下观，坏死区细胞微细结构消失，但细胞和组织结构大体轮廓仍可存在，坏死区域和正常区域之间常出现炎性反应带。

2. 液化性坏死（liquefactive necrosis） 是指组织坏死后被酶分解成液体状态，并常形成囊腔。液化性坏死常发生在蛋白质含量少、脂质多或含蛋白酶丰富的组织，如脑、胰腺等。化脓性炎时，渗出的大量中性粒细胞释放溶酶体酶或蛋白水解酶，将局部组织分解液化。

3. 特殊类型的坏死 一些类型的组织坏死，其形态学及发生机制有别于凝固性坏死和液化性坏死，本书将其列为特殊类型的坏死。

（1）干酪样坏死 肉眼观，坏死区呈淡黄色、松软、细腻，状似干酪而得名。镜下观，坏死区组织结构完全破坏，表现为一片无定形、颗粒状的红染物，是彻底的坏死，实为特殊类型的凝固性坏死。干酪样坏死常见于结核病，偶可见于某些梗死灶、坏死的肿瘤、梅毒树胶肿和结核样型麻风等。

（2）脂肪坏死 包括酶解性脂肪坏死与创伤性脂肪坏死。前者见于胰腺炎时，胰脂酶外溢并被激活分解脂肪，分解产物脂肪酸与钙离子结合形成钙皂。肉眼观，可见灰白色斑点。镜下观，可见散在嗜酸性颗粒，属特殊类型的液化性坏死。

（3）纤维素样坏死 是胶原纤维的坏死，发生于结缔组织和血管壁。病变局部结构消失，可见小条块状或细丝网状红染的无结构物质，其染色性质类似纤维素，故称纤维素样坏死。纤维素样坏死常见于免疫相关性疾病。

（4）坏疽 是继发腐败菌感染的大块组织坏死。腐败菌分解坏死组织，使其释放硫化氢，与血红蛋白中的亚铁离子结合形成硫化亚铁，坏死组织呈黑褐色或暗绿色。坏疽可分为干性坏疽、湿性坏疽和气性坏疽 3 种类型。

1）干性坏疽：常发生于动脉闭塞而静脉回流通畅的肢体远端，尤其是下肢。各种原因所致的肢体远端缺血性坏死，由于静脉回流通畅加上体表水分蒸发，可致局部干燥，不利于腐败菌生长，病变发展缓慢，毒素吸收少，临床症状较轻。坏疽组织与周围正常组织界限清楚。

2）湿性坏疽：常发生在与外界相通的内脏（肺、肠、子宫和阑尾等），或动脉闭塞并伴有淤血水肿的肢体。由于坏死组织水分多，腐败菌感染严重，病变发展迅速，大量毒素被吸收，患者表现的临床症状较为严重。病变区肿胀湿润，与正常组织分界不清。

3）气性坏疽：深达肌层的开放性创伤，合并产气荚膜杆菌等厌氧菌感染时发生的坏疽，属于湿性坏疽的特殊类型。这类腐败菌分解坏死组织，产生大量气体，使坏死区按之有捻发感。气体沿组织间隙或皮下弥散，或从伤口处逸出，病变部位肿胀、呈棕黑色、奇臭。坏死组织分解产物和毒素被机体大量吸收，可致人迅速中毒而死亡。

三、修复

修复是指人体对所形成的缺损进行修补恢复的过程。修复又分为完全修复和纤维性修复。完全修复是由损伤周围的同种细胞来修复，结果是完全恢复了原来的形态结构和功能代谢。纤维性修复是通过肉芽组织增生，填补组织缺损，逐渐转化为瘢痕组织的过程，也称为瘢痕修复。

在损伤修复过程中，细胞的分裂、增生称为再生，是指参与修复的细胞在局部分裂增殖的现象。再生分为生理性再生和病理性再生。生理性再生是指补偿生理性组织细胞的耗损，病理性再生是指修复病理性组织细胞的缺损。

1. 各种组织的再生能力

（1）一般来说，分化低的或平时易受损伤的、生理过程中经常更新的组织，再生能力均较强。

（2）纤维结缔组织、毛细血管、上皮组织、淋巴造血组织、骨组织、肝组织的再生能力较强；骨骼肌、平滑肌等再生能力较弱；心肌再生能力极弱；神经细胞缺乏再生能力。

（3）在神经细胞存活的前提下，受损的神经纤维有再生能力。

2. 各种组织的再生过程

（1）断裂的较大血管行手术治疗以吻合。吻合处的内皮细胞可完全再生，恢复原来的内膜结构。但离断的肌层不易完全再生，一般由结缔组织增生连接，形成瘢痕修复。

（2）神经纤维再生过程较慢，一般需数月以上才能完成。首先近端的轴突向远端生长，形成许多分支，终有一支与远端连接，完成再生。如断端距离太远（2.5cm 以上），或两断端间有瘢痕组织相隔，或因截肢失去远端，则近端长出的轴突不能与远端连接。结果分支越来越多，卷曲成团形成肿块并与增生的结缔组织混杂在一起，形成神经瘤，引起顽固性疼痛。

3. 肉芽组织的形态和作用

（1）肉芽组织成分及形态　肉芽组织是由新生的成纤维细胞和毛细血管构成的幼稚结缔组织。

肉芽组织的结构：肉眼观，表面常呈鲜红色、颗粒状，质地柔软，易出血。镜下观，新生毛细血管向创面垂直生长，周围有许多新生成纤维细胞，肉芽组织中常有大量渗出液及炎细胞。

（2）肉芽组织的作用　肉芽组织在组织损伤修复中起到重要作用：①抗感染及保护创面。②机化血凝块、坏死组织及其他异物。③填补伤口及其他组织缺损。

（3）肉芽组织的结局　肉芽组织只是一个发育阶段，最终都要发展为瘢痕组织。

4. 创伤愈合　创伤引起的组织缺损，由周围组织再生进行修复的过程，称为创伤愈合。

（1）一期愈合　是指组织缺损少，创缘整齐，接合严密，无感染的创口，愈合后仅留有少量瘢痕。

（2）二期愈合　是指组织缺损大，创缘不整齐，无法接合的或伴有感染的创口，需大量肉芽组织填充创口，愈合后留有明显的瘢痕。

（3）痂下愈合　多见于较浅表并有少量出血或血浆渗出的皮肤创伤。

5. 骨折愈合　骨的再生能力很强，骨折愈合的基础是骨内膜和骨外膜细胞的再生。骨折愈合过程包括血肿形成、纤维性骨痂形成、骨性骨痂形成、骨性骨痂改建或再塑。

第二节　细胞组织的适应、损伤与修复之课程思政

思政故事

我像颗流星，把光留在人间

张海迪，1955年9月出生，山东文登人。1970年，因病已高位截瘫的她

跟随父母到农村生活。在那里，她处处为别人着想，为人民群众做事。她发现学校没有音乐教师，就主动到学校教唱歌，课余还帮助学生成立自学小组，给学生理发、钉扣子、补衣服。她发现村里缺医少药，就决心学习医疗技术，用零花钱买医学书、体温计、听诊器和常用药物。她先后自学了《针灸学》《人体解剖学》《内科学》《实用儿科学》等医学书籍。学针灸时，为了体验针刺感，她在自己身上反复练习扎针。短短的几年，她居然成了当地的一名年轻“名医”，为群众无偿治疗达 1 万多次。只要有人求医，她就热情接待。1983 年，她开始文学创作，经过不懈的努力，成功出版了《轮椅上的梦》等著名小说。1983 年 3 月 7 日，共青团中央在北京举行表彰大会，授予张海迪“优秀共青团员”称号。1983 年，《中国青年报》发表文章，宣传张海迪怀着“活着就要做个对社会有益的人”的信念，勇于把自己的“光和热”献给人民的故事。

【思政主题】

人生的意义在于奉献。

【知识点融合】

萎缩是指发育正常细胞、组织和器官由于物质代谢障碍而发生体积缩小、功能减退的过程，是因实质细胞体积缩小所致，可伴细胞数量减少，常有间质细胞增生。萎缩的机制尚不明确，可能主要涉及蛋白合成和降解的平衡。萎缩首先是细胞体积缩小，然后是组织和器官的体积也相应缩小，而且往往伴有细胞数目减少、代谢率降低及功能减弱。张海迪由于疾病导致高位截瘫而出现残疾、肌肉萎缩、肢体运动功能受限，但她通过努力完成论著编撰，通过积极主动服务群众、乐于助人，实现了人生重塑，展示了她丰富美丽的人生。

【分析与启发】

1. 自强不息，用勤奋学习丰富人生　每个人无论遇到什么困难、遭受什么挫折，当学习了张海迪的事迹，我们还有什么可抱怨的呢？做生活的强者，努力实现自我的人生价值，就能够到达成功的彼岸。

2. 不忘初心，用服务人民丰满人生　张海迪始终坚持初心，通过不同的方式全心全意为人民服务。她意志坚强，通过自己的实际行动证明，只有努力学习、努力实践，就能收获美丽人生。

思政故事

为子割肝的暴走妈妈

陈玉蓉是2009年“感动中国”十大人物之一，她患有重度脂肪肝，为了救儿子，她每天暴走10km，走破了4双鞋，几条裤子的腰围紧了又紧，脂肪肝也好转了。“感动中国”给她的颁奖词：“这是一场命运的马拉松。她忍住饥饿和疲倦，不敢停住脚步。上苍用疾病考验人类的亲情，她就舍出血肉，付出艰辛，守住信心。她是母亲，她一定要赢，她的脚步为人们丈量出一份伟大的亲情。”

“慈母手中线，游子身上衣。临行密密缝，意恐迟迟归。谁言寸草心，报得三春晖”。诚然，母爱如水，除了接受和感动，我们又能真正回报多少，而母爱高尚、珍贵之处也正在于其不计回报的大爱无私。

【思政主题】

人间最美是母爱。

【知识点融合】

脂肪肝（fatty liver）是指由于各种原因引起的肝细胞内脂肪堆积过多的病变，是一种常见的肝脏病理改变，而非一种独立的疾病。脂肪肝正严重威胁国人的健康，成为仅次于病毒性肝炎的第二大肝病，发病率在不断升高，且发病年龄日趋年轻化。正常人肝组织中含有少量的脂肪，如甘油三酯、磷脂、糖脂和胆固醇等为肝重量的3%～5%，如果肝内脂肪蓄积太多，超过肝重量的5%或在组织学上肝细胞50%以上有脂肪变性时，就可称为脂肪肝。其临床表现，轻者无症状，重者病情凶猛。一般而言，脂肪肝属可逆性疾病，早期诊断并及时治疗常可恢复正常。脂肪变性是脂肪肝的主要病理变化，属于可逆性的病理损伤。其主要由不良的饮食习惯、不合格的饮食结构和缺乏运动等因素导致。其机理主要在于脂肪代谢的功能障碍或水平低下，导致脂肪成分在肝细胞内积聚而形成，是典型的可逆性损伤。当消除致病因素是可以改善、消除甚至恢复到正常水平。

【分析与启发】

1. 母爱伟大，创造奇迹　“暴走妈妈”陈玉蓉为挽救病危儿子，却因为重度脂肪肝而无法给儿子做肝移植。陈玉蓉为了给肝移植手术创造条件，连续7个月每天步行10km，终于成功减肥，脂肪肝逐渐好转，最终达到肝移植手术的要求，成功挽救了她儿子的生命。伟大的母爱创造了奇迹，这则故事就充分诠释了母爱的伟大。

2. 养成良好习惯，提高生活质量　脂肪变性常见的脏器在肝脏，而过量饮酒、高脂饮食、缺乏运动等都是脂肪肝常见的病因，只有保持良好的饮食习惯和生活方式，才能更好地保持身体健康，防止脂肪过度蓄积而形成脂肪肝。同时这则故事也告诉我们，即使患上脂肪肝也不用担心，但必须正确认识，只要意志坚定、持之以恒地改变生活方式，合理适当增加运动，辅以科学的饮食方式和治疗用药，恢复如初是能够达到的，生活的质量就能得到保障和提高。

第三章　局部血液循环障碍

血液循环是人体的重要生命活动之一。血液在心脏、血管内循环流动，通过动脉系统将氧和营养物质输送给组织和细胞，同时通过静脉系统把组织和细胞代谢产生的二氧化碳和其他代谢产物运送到排泄器官进而排出体外，以保证组织和细胞新陈代谢的功能活动正常进行。一旦血液循环发生障碍，将引起各器官、组织和细胞的代谢紊乱、功能异常和形态结构改变。

血液循环障碍可分为全身性血液循环障碍和局部性血液循环障碍两类。两者既有区别，又有联系。全身性血液循环障碍是整个心、血管功能失调的结果，但也必然在身体各局部器官或组织有所表现。如右心衰竭时，全身血液循环障碍引起肝、脾、肾、胃肠及下肢淤血。局部血液循环障碍是个别器官或局部组织的循环异常，可由局部因素引起，也可能是全身血液循环障碍的局部表现，表现为局部循环血量的异常（充血、淤血）、血液性状的改变和血管内容物异常（血栓形成、栓塞及梗死）、血管壁通透性增高及其完整性受损（炎症、出血）等。局部血液循环障碍常出现在多种疾病过程中，其各种改变是疾病重要的基本病理变化。

第一节　局部血液循环障碍的相关知识

一、局部充血

局部器官或组织血管内血液含量增多称为局部充血，按其发生的原因和机制不同，可分为动脉性充血和静脉性充血两类。

（一）动脉性充血

由于动脉血液输入量过多而引起局部组织或器官血管内血量增多，称为动脉性充血或主动性充血，简称为充血。

1. 原因　凡能引起细动脉、小动脉扩张的任何原因，都可引起局部器官或组织的充血。细小动脉扩张是神经－体液因素作用于血管，使血管舒张神经兴奋性增高、血管收缩神经兴奋性降低或舒血管活性物质释放增加。动脉性充血有生理性充血和病理性充血两类。

（1）生理性充血　生理情况下，通常是在器官生理活动增强时发生的血管扩张，以此以保证氧和营养物质的供应。如运动时的横纹肌充血、饭后的胃肠道黏膜充血、情绪激动时面颈部皮肤充血等。

（2）病理性充血　各种病理情况下发生的充血，常由理化因素或细菌毒素等引起，有的是人体对局部血液循环障碍的代偿适应性反应，常见炎性充血和减压后充血。

1）炎性充血：炎症早期，致炎因子反射性地使血管舒张神经兴奋而引起局部动脉性充血。其次，炎症局部的炎症介质（组织胺、缓激肽等）作用于血管壁，使局部血管扩张而引起充血。

2）减压后充血：局部器官和组织长期受压（妊娠等），使局部血管张力降低，一旦压力突然解除，局部细动脉、小动脉反射性扩张，形成局部充血。如当迅速抽出大量腹水或摘除腹腔的巨大肿瘤后，可使腹腔内动脉扩张充血，严重时甚至可以引起急性脑缺血而昏厥。

2. 病理变化　动脉性充血主要表现为细动脉、小动脉和毛细血管扩张，局部血管内血量增多，局部器官或组织体积略增大，颜色鲜红；由于局部动脉扩张，血流加快，物质代谢增强，局部组织和器官温度升高，功能活动也相应增强，如黏膜腺体分泌液增多等。

3. 经过、结局和意义　动脉性充血是一种暂时的血管反应，原因消除后，可恢复正常，一般不会引起不良后果。动脉性充血时，使局部器官或组织的氧及营养物质供应增多，人体代谢率升高，从而增强人体的抗损伤能力。但对于血管壁异常脆弱的老年人或动脉粥样硬化症患者，严重充血有时可引起血管破裂。

（二）静脉性充血

由于静脉回流受阻，血液淤积右小静脉和毛细血管内，引起局部器官或组织血管内血量增多，称为静脉性充血，又称被动性充血，简称淤血。

静脉性充血比动脉性充血多见。根据充血范围，可分为全身性静脉性充血和局部性静脉性充血两类。

1. 原因 静脉性充血的原因有很多，凡能引起静脉血液回流受阻的各种因素，均可引起静脉性充血。常见原因如下。

（1）*静脉受压* 使其管腔狭窄或闭塞，血液回流受阻，局部大量血液淤积。如肿瘤、炎症包块和瘢痕组织压迫局部静脉血管；妊娠子宫压迫髂静脉；绷带包扎过紧压迫肢体静脉；肠扭转、肠套叠挤压肠系膜静脉；肝硬化时增生的结缔组织压迫门静脉分支等。

（2）*静脉阻塞* 静脉腔内血栓形成；静脉内膜炎引起的静脉壁增厚；肿瘤栓子、血栓栓子等的阻塞。这些因素均可造成静脉血管的部分或全部阻塞，引起淤血。

人体许多部位的静脉都有丰富的吻合支，局部的一条静脉受压或阻塞，血液可经过吻合支回流，并不引起局部淤血，只有当吻合支不能充分代偿或无吻合支时，才会发生淤血。

（3）*心力衰竭* 心力衰竭时，心脏舒缩功能障碍，心排血量减少，心室舒张末期的心腔压力升高，静脉回流受阻。左心衰竭时，发生肺循环淤血；右心衰竭时，发生体循环（肝、脾、肾、胃肠道和肢体等）淤血。

2. 病理变化 淤血时，局部器官或组织体积增大，包膜紧张，重量增加；血液中氧合血红蛋白减少，还原血红蛋白增多，致局部器官或组织呈暗红色，如发生在皮肤或黏膜则呈紫蓝色。因局部血流量减少、血氧含量降低，局部器官或组织得不到充足的氧和营养物质，人体代谢率下降，产热减少，故体表淤血区温度降低。镜下观，可见局部组织小静脉和毛细血管显著扩张，过多红细胞积聚。

3. 影响和结局 淤血对人体的影响取决于淤血发生速度、程度、部位及持续时间等因素。局部性淤血如果是逐渐发生的，血液可通过侧支循环回流，淤血程度较轻。较长时间的淤血可以引发以下情况。

（1）*淤血性水肿* 由于局部组织内代谢中间产物蓄积，损害毛细血管，使其通透性增高，加之淤血时小静脉和毛细血管内流体静压升高，使组织液生成增多，回流减少，在局部形成水肿。

（2）淤血性出血　严重缺氧时还可使血管壁的通透性进一步增加，红细胞从血管壁漏出，形成出血。

（3）组织萎缩、变性及坏死　长期淤血，局部缺氧加重，氧化不全的代谢产物大量堆积，可使实质细胞发生萎缩、变性及坏死。

（4）淤血性硬化　长期淤血在引起脏器实质细胞萎缩、变性及坏死的同时，间质纤维增生，同时网状纤维胶原化，可使脏器质地变硬，称为淤血性硬化。

（5）侧支循环的建立　如肝硬化时门静脉和腔静脉之间的吻合支开放，形成胃底食管静脉曲张、腹壁浅静脉曲张及痔静脉曲张。

4. 重要器官的淤血

（1）慢性肺淤血　常见于左心衰竭。肉眼观：肺体积增大，呈暗红色，质地变实，切开断面时可流出淡红色泡沫状液体。镜下观：肺泡间隔毛细血管扩张淤血，肺泡间隔因而增宽；肺泡腔内可有淡红色的水肿液、红细胞。肺泡内的红细胞被巨噬细胞吞噬，血红蛋白被分解后形成棕黄色的含铁血黄素颗粒，这种有吞噬功能的巨噬细胞称为心力衰竭细胞。经普鲁士蓝染色显示，肺泡腔的心力衰竭细胞内因含铁离子呈蓝色。心力衰竭细胞多见于肺泡腔内，亦可见于肺间质或患者的痰内。长期的肺淤血，肺间质的纤维组织增生，质地变硬，由于含铁血黄素的沉积，肺组织呈棕褐色，称为肺褐色硬变。

（2）慢性肝淤血　常见于右心衰竭，偶见于下腔静脉或肝静脉阻塞。肉眼观：肝脏体积增大，包膜紧张且略增厚，质较实，色暗红。慢性肝淤血，肝小叶中心区因淤血呈暗红色，周边因脂肪变性呈灰黄色。相邻的肝小叶中央淤血区互相连接，形成网状条纹。镜下观：小叶中央静脉及附近的肝窦高度扩张淤血，小叶中央的肝细胞发生萎缩甚至消失，小叶周边的肝细胞因缺氧而发生脂肪变性。长期慢性肝淤血时，由于小叶中央肝细胞萎缩甚至消失，网状纤维胶原化，同时汇管区纤维结缔组织增生，形成淤血性肝硬化。

二、局部贫血

器官或局部组织中动脉输入的血量减少称为局部贫血或缺血。

（一）原因

引起局部贫血的原因主要有以下几种。

1. 动脉受压 肿瘤、炎症包块或积液的压迫；绞窄性肠疝；卵巢囊肿或肿瘤蒂扭转；外科手术时动脉血管结扎。上述因素均可造成血管管腔狭窄，动脉血输入减少，从而发生局部贫血。

2. 动脉管腔狭窄或阻塞 常见的原因是动脉粥样硬化，尤其是中等动脉粥样硬化斑块造成的管腔狭窄，并可以在动脉粥样硬化的基础上并发血栓形成，导致动脉血输入减少。

3. 动脉痉挛 由于血管内膜损伤，内皮细胞产生的一氧化氮减少，可导致血管痉挛、局部缺血。如冠状动脉痉挛导致心绞痛，肢体动脉痉挛导致雷诺现象。动脉痉挛常见诱因有寒冷、精神刺激等。

4. 缺血综合征 当动脉粥样硬化狭窄不足以引起供血区的缺氧，部分血流绕道，造成血供进一步减少，形成缺血。

5. 血液黏稠度增加 血液黏稠度对较大血管内的血流无明显影响，但可影响毛细血管和小血管血液供应。

（二）病理变化

器官或组织因含血量减少而体积缩小，颜色苍白，质地较软。缺血时间较长者，可致实质细胞萎缩、变性甚至坏死。由于组织代谢降低，产热量减少，体温下降，组织氧化不全的代谢产物刺激局部神经末梢而产生疼痛（心肌缺血时的心绞痛等）。

（三）影响和结局

缺血对人体的影响与以下因素有关。

1. 侧支循环建立情况 通过侧支循环的代偿作用，可不致缺血，或使局部组织缺血减轻。如果该部分组织没有动脉交通支，或者侧支循环不充分，则缺血区无代偿或基本无代偿。

2. 血管阻塞的程度和速度 快速而完全的血管阻塞，组织血液供应完全中断，可使局部组织细胞坏死。若阻塞不完全，而且发生较慢，局部组织仍有血液供应，但血量不足，则可引起局部组织细胞萎缩或变性。

3. 局部组织对缺氧的耐受程度　脑组织对缺氧很敏感，血液断流 5 ～ 6 分钟，即可造成严重损伤，肾脏可耐受 0.5 ～ 2 小时，肌肉可耐受 3 ～ 4 小时，而皮肤和结缔组织耐受的时间更长。

三、出血

血液自心脏血管的管腔流出到体外、体腔或组织间隙，称为出血。血液流出体外，称为外出血。血液流入体腔或组织间隙，称为内出血。出血可发生在身体的任何部位，根据出血方式、出血量和发生部位的不同，可有不同的名称。皮肤、黏膜点状出血，称为淤点。直径 1 ～ 2cm 或以上的较大出血斑点，称为淤斑。全身密集点状出血，呈弥漫性紫红色，称为紫癜。大量血液聚积于组织内，称为血肿。血液聚积于体腔内，称为积血。呼吸道出血经口咯出，称为咯血。消化道出血经口呕出，称为呕血。血液自肛门排出，称为便血。

（一）出血的类型及原因

根据血液逸出的机制，可将出血可分为破裂性出血和漏出性出血两类。

1. 破裂性出血　由于心脏或血管壁破裂而引起的出血，称为破裂性出血。

引起破裂性出血的原因有外伤、侵蚀性病变破坏血管壁和心血管壁本身的病变等。

（1）外伤　常见于各种切割伤、穿通伤、挫伤等，常引发破裂性出血。

（2）侵蚀性病变破坏血管壁　常见于炎症、溃疡、恶性肿瘤时的血管破坏，如肺结核病对肺血管的破坏、肿瘤对血管的侵蚀破坏等，常引发破裂性出血。

（3）心血管壁本身的病变　如室壁瘤、动脉瘤，在不能承受血流的压力时，常发生破裂性出血。

2. 漏出性出血　由于毛细血管前动脉、毛细血管及毛细血管后静脉通透性增加，血液通过扩大的内皮细胞间隙和受损的血管基膜而漏出血管腔。引起漏出性出血的原因如下。

（1）血管壁损害　缺氧、患败血症、应用个别药物、摄入生物毒素可引起毛细血管损伤；超敏反应引起的血管炎；维生素 C 缺乏引起的毛细血管基膜破裂等。这些因素可引起漏出性出血。

（2）血小板减少和血小板功能障碍　血小板的正常数量和质量是维持毛细血管通透性正常的重要因素，血小板减少到一定数量时可发生漏出性出血。如再生障碍性贫血、白血病、血小板减少性紫癜、骨髓内广泛性肿瘤转移等，均可使血小板生成减少或破坏过多。当血小板减少到一定数量（5×10^9/L 以下）时，可引起漏出性出血。

血小板的结构和功能缺陷也能引起漏出性出血，这类疾病多具有遗传性，如血小板功能不全（血小板细胞膜缺乏纤维蛋白原受体）和血小板颗粒缺乏症等。

（3）凝血因子缺乏　由以下原因造成。

1）凝血因子合成减少：肝脏是多种凝血因子的合成场所，肝功能不全时，包括纤维蛋白原在内的多种凝血因子合成障碍；维生素 K 缺乏时，可引起凝血酶原、凝血因子Ⅶ、凝血因子Ⅹ、凝血因子Ⅺ合成减少。

2）凝血因子消耗过多：如弥散性血管内凝血时，大量凝血因子消耗可引起皮肤、黏膜出血。

3）遗传性疾病：患有因遗传性疾病引起凝血因子缺乏，此时易有出血倾向。

（二）病理变化

新鲜出血呈红色，随红细胞降解形成铁血黄素而呈棕黄色。

（三）后果

出血对人体的影响取决于出血量、出血速度和出血部位。

漏出性出血过程比较缓慢，出血量较少，一般不会引起严重后果，但如漏出性出血范围广泛时，也可因出血导致失血性休克。

破裂性出血的过程发展迅速，如在短时间内丧失循环血量的 20% ～ 25%，即可发生失血性休克。发生在重要器官的出血，即使出血量不多，亦可致命，如心脏破裂引起心包内出血，由于心包填塞，可导致急性心功能不全；脑出血，尤其是脑干出血，可引起心跳中枢、呼吸中枢等重要神经中枢受压致死。

局部出血可导致相应的功能障碍，如脑内囊出血引起对侧肢体偏瘫，视网膜出血引起视力减退或失明。慢性出血，如溃疡病、钩虫病等可引起贫血。

四、血栓的形成

心脏或血管内血液有形成分形成固体质块的过程，称为血栓形成。在这个过程中形成的固体质块称为血栓。血栓在形成模式、结构及特征等方面均与血凝块不同，切不可混淆。

生理状态下，血液中的凝血因子不断、有限地被激活，从而产生凝血酶，形成微量纤维蛋白，沉着于血管内膜上，随即这些微量的纤维蛋白又被激活了的纤维蛋白溶解系统所溶解，同时被激活的凝血因子也不断地被单核－吞噬细胞系统所吞噬。凝血系统、纤维蛋白溶解系统和抗凝血系统之间的动态平衡，既保证了血液有潜在的可凝固性，又始终保证了血液的流体状态。在一定条件下，如果这种平衡被打破，血液在心血管腔内凝固，则形成血栓。

（一）血栓形成的条件和机制

早在 19 世纪魏尔啸（Virchow）就提出血栓形成的条件，并沿用至今，包括以下三方面内容。

1. 心血管内膜的损伤

（1）心血管内皮细胞的抗凝作用　正常心血管内皮具有一定的抗凝功能，主要包括以下几方面的作用。

1）内皮细胞的隔离作用：正常心血管内膜表面为单细胞层的薄膜屏障，可把血液中的凝血因子、血小板和能促发凝血的内皮下细胞外基质相互隔离。

2）内皮细胞合成抗凝血酶或抗凝血因子物质：有内皮细胞合成膜相关肝素样分子和凝血酶调节蛋白。前者是抗凝血酶Ⅲ的协同因子。后者是凝血酶受体，与凝血酶结合后使其转化为抗凝物质，能激活蛋白 C，在蛋白 S 的协同下，降解激活的凝血因子Ⅴ、凝血因子Ⅷ。

3）生成纤溶酶原活化因子：有促进纤维蛋白溶解的作用。

（2）内膜损伤引起血栓形成

1）组织因子释放和胶原暴露：心脏和血管内膜受到外伤、化学药物腐蚀、内膜炎症或动脉粥样硬化等各种因素损伤时，内皮细胞可发生变性、坏死、脱落，损伤的内皮可释放组织因子，同时暴露出内皮下的胶原，可活化血小板和凝血因子Ⅹ，启动内源性凝血系统和外源性凝血系统。

2）血小板活化：血小板在血液凝固和血栓形成过程中起关键性作用。能激活血小板的物质有胶原、凝血酶、ADP 和血栓素 A_2（TXA_2）等，在内皮损伤后，首先激活血小板，并与内膜下的胶原接触，随后凝血连锁反应被启动而产生凝血酶，凝血酶促进血小板的进一步活化，血小板被活化后释出 ADP 和 TXA_2，进一步加强血栓的活化。血小板的活化包括以下三个反应。

A. 黏附反应（adhesion）：血小板在凝血因子的桥梁连接作用下，黏附于损伤局部胶原上，同时由于其胞质内微丝和微管的收缩而变形，称为黏性变态。

B. 分泌和释放反应（secretion release reaction）：血小板黏附损伤处后被激活，分泌 α 颗粒和致密颗粒。颗粒内的去甲肾上腺素、组胺、5- 羟色胺（5-HT）的内容物向血小板外释出。

C. 黏集反应（aggregation）：促使血小板黏集的主要是二磷酸腺苷（ADP）、TXA_2。最初黏集是可恢复的，即一旦血流加速，黏集的血小板仍可散开。但随着血小板黏集增多，活化后释出的 ADP 也增多，在 TXA_2、内源性 ADP 和凝血酶的共同作用下，血小板连接更加牢固。

2. 血流状态的改变 正常血流为层流，血液中的有形成分如红细胞、白细胞及血小板在血流的中轴部流动（轴流），外周是一层血浆带（边流），血浆将血液中有形成分与血管壁隔开，阻止血小板与内膜接触而激活。当血流缓慢（外科手术或静脉曲张）或产生漩涡时，血小板得以进入边流，增加了与血管内膜接触的机会，血小板粘连于内膜的可能性增大。此外，血流缓慢或产生漩涡时，被激活的凝血因子和凝血酶能在局部达到凝血过程所必需的浓度。同时，血流缓慢，内皮细胞因严重缺氧易引起变性坏死，不但丧失了抗凝因子的合成和分泌，而且内皮下胶原也得以暴露于血流，如此可触发内源性和外源性凝血。

临床上 95% 的血栓形成于下肢静脉。静脉内有静脉瓣，静脉瓣囊内血流缓慢，可出现涡流，常成为血栓的起始点。静脉不似动脉那样随心脏搏动而舒张、收缩，其血流有时甚至可出现短暂的停滞；静脉壁较薄，容易受压；血流通过毛细血管到静脉后血液的黏性有所增加。上述几方面的因素均造成了静脉较动脉易于形成血栓。

心脏和动脉内的血流快，不易形成血栓，但在血流较缓慢出现漩涡时，也会有血栓形成，如二尖瓣狭窄时，左心房血流缓慢并出现漩涡，动脉瘤内的血流呈漩涡状流动，易并发血栓形成。

3. 血液凝固性增加　又称血液的高凝状态，是指血液比正常易发生凝固的状态，由血液中血小板增多、血小板黏性增大、纤维蛋白溶解系统活性降低等因素引起。血液凝固性增加可分为获得性高凝状态和遗传性高凝状态两种。

（1）获得性高凝状态　由以下因素引起。

1）大量失血后，血中补充了黏性较大的幼稚血小板，同时纤维蛋白原、凝血酶原等增多和抗凝血酶Ⅲ减少。

2）大面积烧伤后，血液浓缩，血小板也相应增多。

3）异型输血时，血小板和红细胞被大量破坏，释放凝血因子。

4）妊娠后期或大剂量肾上腺皮质激素应用，机体纤溶功能减低。

5）一些恶性肿瘤（肺、胃、胰、前列腺癌等）及胎盘早剥，因组织坏死释放大量组织因子，激活外源性凝血系统。

（2）遗传性高凝状态　很少见，主要与凝血因子V和凝血酶原基因突变，以及抗凝血酶Ⅲ、蛋白C、蛋白S先天缺乏有关。

需要指出，并非上述三个条件均具备才可形成血栓。上述三个条件中的任何一个，在特定的条件下均可导致血栓形成。

（二）血栓形成的过程及其形态

1. 血栓形成过程

（1）动脉血栓形成　以动脉粥样硬化表面形成血栓为例，开始是动脉内膜面脂斑轻微突起，随着时间的推移、病情的加重，粥样斑块逐渐增大，向血管腔明显突起，引起一定程度的血流紊乱，使纤维素易于沉积、血小板易于凝集；血流紊乱最终引起内皮细胞的破坏，内皮细胞剥离，粥样斑块表面胶原暴露，为血小板聚集提供附着面。因此在动脉粥样斑块导致的血栓形成中涉及两方面的因素，即内膜损伤和血流紊乱。如果动脉粥样硬化患者吸烟或血液低密度脂蛋白明显增高，可能涉及第三个因素，即血液凝固性增高。

（2）静脉血栓形成　多数静脉血栓最初形成于静脉瓣，因此在静脉瓣处血流易紊乱，在静脉血流淤滞、血流阻塞时，静脉瓣容易受到损伤。

典型的血栓形成过程：血管内膜损伤，在伴有血流缓慢和（或）涡流存在的条件下，使血小板黏集于损伤处，开始黏附聚集的血小板可重新散开，但随着血栓形成过程的发展，血小板体积增大，发生变形，伸出的伪足相互接触，同时释放ADP。在凝血酶、内源性ADP及TXA_2的共同作用下，血小板粘连更加牢固，黏集的血小板肿胀，相互融合，边界不清。血小板颗粒大量释放，血小板内颗粒极度减少或完全消失，逐渐形成均质无结构的形态。这一过程不断进行，血小板黏集不断增多，最终形成血小板丘，色灰白，称为白色血栓，在延续性血栓中它构成了血栓的头部。

血栓头部形成后，该处血流减慢，涡流形成，血小板进一步黏集并形成许多珊瑚状血小板小梁，血小板小梁在血管内伸展并相互吻合，流经其中的血液更加缓慢，血小板发生变性崩解，释放出许多凝血相关物质，活化的凝血酶易于在局部达到较高的浓度，凝血过程启动，纤维蛋白原形成纤维蛋白（纤维素）。于是血小板小梁之间出现了许多纤维素网，网罗许多红细胞、白细胞而形成红白相间的血凝块，称为混合血栓，它构成了延续性血栓的体部。

如果血栓不断延伸扩大，可使血管完全阻塞，血流停止，血液则迅速凝固形成红色血栓，这就是血栓的尾部。

2. 血栓的类型

（1）白色血栓　发生于血流较快的部位（动脉、心室、心瓣膜）或静脉血栓的起始部（延续性血栓的头部）。肉眼观：血栓灰白色，表面粗糙，与血管壁紧连。镜下观：白色血栓主要由许多变性的血小板和少量纤维蛋白构成。

（2）混合血栓　静脉延续性血栓的主要部分（体部）。肉眼观：呈粗糙、干燥的圆柱状，与血管壁黏着，有时可见灰白色与褐色相间的条纹，称为层状血栓。镜下观：血小板呈珊瑚状，表面有许多中性粒细胞黏附，小梁之间纤维素成网状，网眼内含有多量红细胞和白细胞。

（3）红色血栓　发生在血流极度缓慢甚或停止之后，其形成过程与血管外凝血过程相同。因此，红色血栓见于混合血栓逐渐增大而阻塞管腔，局部血流停止后，往往构成延续性血栓的尾部。镜下观：在纤维素网眼内充满正常血液分布的血细胞。红色血栓由于水分被吸收，变得干燥、易碎、失去弹性，并易于脱落形成栓塞。

（4）透明血栓　血栓发生于微循环小血管内，只能在显微镜下见到，故又称微血栓，主要由纤维蛋白构成，见于弥散性血管内凝血。

（三）血栓的结局

随着血栓的进展，可有以下变化。

1. 血栓的溶解或脱落　激活的凝血因子Ⅶ在启动凝血过程的同时，也激活了纤维蛋白溶酶系统，开始降解纤维蛋白和溶解血栓。血栓中的白细胞崩解后释放出蛋白溶解酶，对血栓溶解也起一定的作用。小血栓溶解后可被完全吸收。较大的血栓如果被溶解，则可被血流冲击而脱落，形成栓子，引起栓塞。

2. 血栓的机化与再通　当血栓不能脱落或被软化吸收时，其附着处的血管内膜长出肉芽组织，逐渐代替血栓，这个过程称为血栓机化。血栓机化一般于血栓形成 1 ～ 2 天发生，至 3 ～ 4 天可使血栓较牢固地附着于血管壁上。中等大小的血栓，经过 2 周左右可完成机化。在机化的过程中，因血栓逐渐干燥、收缩，其内部或血管壁间出现裂隙，新生内皮细胞覆盖于血栓裂隙形成迷路状，但可形成相互沟通的管道，使血栓上下游的血流得以贯通，这种现象称为再通。

3. 血栓的钙化　陈旧的血栓内发生钙盐的逐渐沉积，称为血栓钙化，可形成静脉结石或动脉结石。

（四）血栓形成对人体的影响

血栓形成对人体有不同的影响。

1. 有利方面　血管破裂后，在血管损伤处形成血栓，可封闭伤口止血（外伤、手术、胃及十二指肠溃疡出血、空洞性肺结核出血等）；在炎症病灶周围小血管内血栓形成，有防止局部感染蔓延的作用。因此，在一定条件下，血栓形成是人体的一种防御性措施。

2. 不利方面　多数情况下，血栓形成对人体是不利的，主要是堵塞管腔，引起血液循环障碍，其影响大小与血栓发生部位、阻塞血管的供血范围、阻塞程度、能否建立有效侧支循环等因素有关。若动脉完全性阻塞，又缺乏有效侧支循环时，可引起局部组织缺血甚至坏死，如冠状动脉血栓形成可引起心肌梗死。

另外，在血栓尚未机化前，因与血管壁粘连不紧密，可一部分或全部脱落，随血流运行而被带至他处引起栓塞。如果栓子内含有细菌，则细菌可随栓子运行而蔓延扩散，引起败血症或脓毒血症等严重后果。发生在心瓣膜上的血栓机化后，可引起心瓣膜病。

五、栓塞

循环血液中出现的不溶于血液的异常物质，随血液流动而阻塞管腔，这种现象称为栓塞，造成栓塞的异常物质称为栓子。栓子可以是固体、液体或气体。其中，常见的是血栓栓子，其他较少见的是脂肪栓子、空气栓子、细胞栓子、细菌栓子和羊水栓子等。

（一）栓子运行的途径

栓子运行的途径一般与血流方向一致，罕见情况下，栓子也可逆血流运行而引起栓塞。具体分类如下。

1. 静脉系统及右心栓子 随着静脉血液的回流，栓子嵌塞肺动脉的主干或其分支，引起肺动脉系统栓塞。但其中有些体积甚小，又富于弹性的栓子，如气泡、羊水或脂肪等，可以通过肺泡壁毛细血管进入肺静脉系统，回流至左心腔，再进入体循环，引起动脉分支的栓塞。

2. 动脉系统及左心栓子 随着血流的运行，最终嵌塞于口径大小与其相当的小动脉分支，常栓塞于脑、脾、肾、下肢等处。

3. 门静脉系统栓子 随着门静脉血流进入肝脏，在肝内引起门静脉分支的栓塞。

4. 呈交叉性栓塞的栓子 少见，偶发于心内房间隔或室间隔缺损，栓子可以由压力高的一侧通过缺损处进入压力低的另一侧，即动脉、静脉系统的栓子发生交叉运行，形成交叉性栓塞现象。

5. 呈逆行性栓塞的栓子 罕见，偶尔见于下腔静脉内的栓子，由于胸、腹内压力突然升高（剧烈咳嗽、呕吐等），栓子逆向运行，在下腔静脉所属分支（肝、肾、髂静脉等）引起栓塞。

（二）栓塞的类型与对人体的影响

栓塞引发的结果在很大程度上取决于发生栓塞的部位及侧支循环的状况，而不是栓子的类型。90% 以上的栓子来源于血栓。

1. 血栓栓塞 血栓栓塞由脱落血栓所引起，其主要危害是形成肺动脉栓塞和动脉系统栓塞。

（1）肺动脉栓塞　约95%的肺动脉栓塞来自下肢深部静脉，特别是腘静脉、股静脉和髂静脉，其余来自盆腔静脉，少数来自颅内静脉窦。肺动脉栓塞的影响与栓子的大小、多少及栓塞的部位有关。单个小的栓子引起的栓塞，可以不出现任何临床症状，如果在较长一段时间内反复发生小的肺动脉栓塞，可引起特发性肺动脉高压症。较大的栓子则可引起急性肺及循环功能障碍，即肺动脉栓塞症。大的栓子可以导致患者突然死亡，通常来源于下肢静脉，栓塞在肺动脉主干或大分支的患者突然出现气急、发绀、休克，甚至发生急性呼吸、循环衰竭而突然死亡。

（2）动脉系统栓塞　来自左心腔（心肌梗死的附壁血栓、感染性心内膜炎的瓣膜赘生物）或动脉粥样硬化斑块。动脉系统的栓子主要栓塞部位是脑，也可以栓塞在内脏和肢体。大的栓子栓塞在动脉分支处，直接阻断动脉血流，可引起组织坏死；小的栓子栓塞在内脏小血管，可引起肾和脾梗死。

2. 气体栓塞　正常的血液中仅能溶解很少量的气体。如大量空气迅速进入血液循环或溶解于血液中的气体迅速游离，均可形成气体栓塞。气泡具有压缩性和弹性，可随心脏收缩而缩小，随心脏的扩张而扩大，使血液在心脏舒张期不能有效回流，收缩期不能有效射血，如进入血液气体量超过100mL，能造成严重的血液循环障碍而引起死亡。

当体外压力骤然降低时，如潜水员由水底迅速升向水面或飞行员从地面迅速飞向高空，原来溶解于血液、组织液、脂肪中的大量气体立即游离出来，栓塞于脑、肺、心、关节、肌肉等处，造成相应器官的水肿、出血、坏死、灶性肺不张或肺气肿、急性呼吸窘迫，称为氮气栓塞或沉箱病。

3. 脂肪栓塞　血液中出现脂肪滴并阻塞血管，称为脂肪栓塞，多发生于长骨粉碎性骨折或严重的脂肪组织挫伤时，骨髓或脂肪组织的脂肪细胞因受损而破裂，脂肪游离成无数的脂肪滴，从破裂的小静脉进入血流。

近年来，血脂过高、酗酒、糖尿病、胰腺炎患者也可发生脂肪栓塞，可能由于呈悬乳状的血脂不能保持稳定而游离形成脂肪滴所致。脂肪栓塞的后果取决于脂肪滴的多少和栓塞的部位。肺动脉内少量的脂肪栓塞，可由巨噬细胞吞噬或被血管内皮细胞分泌的酯酶所分解，对人体无影响。

当进入肺动脉脂肪达9～20g时，肺部血管广泛受阻或痉挛，肺循环总面积可丧失3/4，同时由于血管壁通透性升高，肺泡腔内出现大量液体，影响气体交换，患者可能死于窒息或急性右心衰竭。直径＜20μm的脂肪栓子，可以通过毛细血管进入体循环，引起全身多器官栓塞，最常见的为脑血管栓塞。在临床上仅有1%左右的脂肪栓塞患者可出现明显症状。

4. 其他类型的栓塞 恶性肿瘤细胞可侵入血管形成瘤细胞栓塞；细菌性心内膜炎、脓毒血症时，含有细菌的血栓栓子可引起感染的播散；胎儿的角化鳞状上皮、黏液及胎粪等进入母体血液循环可形成羊水栓塞。此外，寄生虫、虫卵和其他异物进入血液也可引起栓塞。

六、梗死

局部组织、器官由于血流供应迅速中断而引起的缺血性坏死，称为梗死，其形成过程称为梗死形成。

（一）梗死形成的原因

1. 病因 任何可引起血管腔的闭塞并导致局部缺血的原因，都可以引起梗死，常见的病因如下。

（1）血栓形成 是引起器官和组织梗死常见的原因。如心冠状动脉和脑动脉粥样硬化继发血栓形成，可引起心肌梗死和脑梗死；血栓闭塞性脉管炎可引起下肢梗死（坏疽）。

（2）动脉栓塞 是引起器官和组织梗死的常见原因之一。在肾、脾和肺梗死中，由动脉栓塞引起者远比血栓形成多见。

（3）动脉痉挛 在正常血管中，单纯动脉痉挛不致引起梗死。动脉痉挛引起的梗死，多发生在管腔已狭窄的动脉（动脉粥样硬化），在情绪激动、过度劳累、寒冷刺激等诱因影响下，可引起血管持续痉挛，致血流中断而发生器官组织梗死。如发生冠状动脉粥样硬化和脑动脉粥样硬化时，动脉管腔狭窄，此时如血管再发生持续性痉挛，则可引起心肌梗死和脑梗死。

（4）血管腔受压闭塞 如肿瘤对局部血管的压迫所引起的局部梗死；肠套叠、肠扭转和嵌顿疝对肠系膜动脉和静脉的压迫引起肠梗死。

2. 条件 血管阻塞是否造成梗死主要取决于以下因素。

（1）供血血管的类型 有双重血液供应的器官，如肺、肝、手，其中一支动脉阻塞，因有另一支动脉持续供血，通常不易发生梗死。肾和脾是终末动脉供血的器官，心和脑虽有吻合支但其管腔较小，一旦动脉迅速发生阻塞，极易发生梗死。

（2）血流阻断的速度　缓慢发生的血流阻断，可为吻合支血管的扩张、建立侧支循环提供时间，不易发生梗死；反之，则易发生梗死。

（3）组织对缺氧的耐受性及血液的含氧量　脑组织对缺氧的耐受性最低，血液供应中断 5 ～ 6 分钟，可引起梗死：心肌组织缺氧 20 ～ 30 分钟发生坏死；骨骼肌、纤维结缔组织对缺氧耐受性较强，较少发生梗死。严重贫血失血、心力衰竭时，血氧含量低，对缺氧耐受性低的心、脑等易发生梗死。

（二）梗死的类型及病理变化

根据梗死区域血液含量多少，可将梗死分为贫血性梗死和出血性梗死。

1. 贫血性梗死　常发生在侧支循环不丰富而组织结构较致密的器官，如心、肾、脑等。当动脉阻塞时，所属分支和邻近动脉发生反射性痉挛，同时缺血区细胞变性、坏死，梗死区域血液被排挤到周围组织中，病灶内红细胞发生崩解，以致梗死区缺血、颜色灰白，故称为贫血性梗死，又称为白色梗死。其病理变化如下。

（1）肉眼观　贫血性梗死区的形状与动脉分支有关。脾和肾等的血管分布呈锥体形，故其梗死灶也呈锥体形，尖端朝向脾门、肾门，底部朝向脏器表面。心脏动脉的分布不规则，而且未端相互交错，梗死区呈不规则形或地图形。脑内动脉不甚规则，故脑梗死区也常呈不规则状。新鲜的梗死灶稍肿胀，表面隆起。经数日，梗死组织变干和变硬，表面稍凹陷。梗死灶与正常组织交界处常见一充血出血带和炎症反应带。晚期梗死区可部分或完全被肉芽组织取代，最终形成瘢痕。

（2）镜下观　梗死区组织呈凝固性坏死，可见细胞核固缩、碎裂、溶解等改变，组织的结构轮廓尚存。梗死灶周围见充血、出血及炎细胞浸润。

2. 出血性梗死　常发生于组织疏松且具有双重血液循环的器官，如肺、肠等。梗死灶有明显弥漫性出血，因梗死灶呈红色，又称为红色梗死。此种梗死的形成除有动脉阻塞外，还须具有下列条件。

（1）严重的静脉淤血　由于器官严重的静脉淤血，流体静脉压升高，阻碍了侧支循环的建立，故局部组织可因动脉阻塞而发生坏死。坏死后，淤积在静脉内的血液，经坏死的血管壁而漏出至坏死组织中，造成弥漫性出血。梗死后，由于局部压力下降，则外周血液通过吻合支而流入梗死区，加重出血。

（2）双重血液循环　有些器官如肺脏具有肺动脉和支气管动脉双重血液循环，它们之间有丰富的吻合支。肠无双重血液循环，但吻合支特别丰富，故此类器官一般不容易发生梗死。但在器官有严重静脉淤血时，当一支动脉被阻塞，另一支动脉由于不能克服静脉淤血的阻力，以致局部血液循环障碍而发生梗死。

（3）组织疏松　肺和肠等器官的组织结构疏松，梗死初起时，组织间隙可容纳多量出血。局部血管发生反射性痉挛和坏死组织膨胀时，也不能把血液排出梗死灶外，形成出血性梗死。

出血性梗死病理变化：肉眼观，出血性梗死的形态变化与贫血性梗死基本相似，与血管分布一致。肺出血性梗死呈锥体形，而肠出血性梗死呈节段状，因梗死区有大片出血，而为暗红色。镜下观，梗死区组织坏死，梗死区内充满大量红细胞，出血组织结构轮廓较为模糊。未崩解破坏的血管则呈扩张充血状态。

3. 败血性梗死　梗死区内伴有细菌感染者，称为败血性梗死。感染细菌的来源有以下三种。

（1）细菌感染发生在梗死前　梗死前组织内有病原微生物的存在，如在细菌性肺炎的基础上发生肺梗死。

（2）含有细菌的栓子　如在细菌性心内膜炎时，心瓣膜上含有细菌的赘生物脱落栓塞而引起的梗死。

（3）细菌感染发生在梗死后　病原微生物经自然管道由外界侵入某些器官的梗死灶。

（三）梗死的结局及其对人体的影响

发生动脉阻塞时栓子内不含有细菌，在梗死发生 24 ～ 48 小时，肉芽组织从周围长入梗死灶内，小的梗死灶可被肉芽组织取代，最后变为瘢痕。较大的梗死不能完全机化，形成纤维包裹，梗死灶内钙化，脑的梗死灶可液化形成囊腔。

梗死对人体的影响，与梗死所在器官、梗死的大小和部位及有无细菌的感染等有关。脾和肾等小范围梗死对人体影响不大，如脾梗死累及包膜，患者可感觉刺痛。肾梗死可引起腰痛、血尿。若心和脑等重要脏器梗死，轻者出现功能障碍，重者危及生命。肺梗死可引起咯血及并发肺炎。肠梗死时，肠腔内的细菌可通过坏死的肠壁侵入腹腔而引起弥漫性腹膜炎。梗死发生在四肢（多见于下肢）时，常因梗死后继发感染及坏死组织的分解产物入血，而引起败血症或毒血症。

第二节　局部血液循环障碍之课程思政

思政故事

血液循环的发现

血液循环是科学家通过医学实践和动物实验而被发现。古希腊的医生在解剖尸体时，发现动物中的血液都流入静脉，动脉却是空的，因此认为动脉内充满着空气。盖伦在解剖活的动物时，先将动脉上下两端结扎，然后再剪破这段的动脉，发现其中充满了血液，从而纠正了古希腊流传的错误观点。血液由腔静脉进入右心室，其中一部分血液通过心室中隔膜上的无数小孔进入左心室。血液在动脉和静脉中，如同“涨潮”和“退潮”，这就是流传了1500年之久的“盖伦血液潮汐理论”。

16世纪，解剖学家维萨里在解剖尸体解剖时，发现心脏隔膜没有小孔，纠正了许多错误说法，奠定了近代解剖学基础，也促进了近代生理学的诞生。1553年，有神经学家再次否定了盖伦的理论，提出血液从右心室流经肺，再流到左心室，从而提出肺循环的概念。意大利学者也提出了有别于盖伦理论的看法，认为心脏收缩时将血液排放到动脉（包括肺动脉），而心脏舒张时血液则从静脉回到心脏，提出了肺循环和体循环的概念。接着有学者发现了静脉中的瓣膜结构，认为瓣膜可以对血流起到一定程度的阻碍作用，这对血液循环学的建立起到了重要的推动作用。

英国学者威廉·哈维不受前人思想的约束，致力于用活体解剖和科学实验的方法研究血液循环。他证明了心脏是循环系统的中心，血液是由心脏泵入动脉，再由静脉回流入心脏，不断循环。1628年哈维发表研究成果，创立了血液循环学说，从三个方面用实验证实他的新学说：①血液借助心脏的收缩活动快速由腔静脉大量运送到动脉。只需半小时，心脏收缩射出的血量就相当于全身的血液总量。如此大的血量是不可能在同一时间由静脉贮存或由消化道吸收的营养物质转化来的。②血液由动脉不断地流经四肢及身体其他各部分。③静脉将身体各部分血液不断送回心脏，而静脉瓣是防止血液倒流的关键结构，由于瓣膜的作用，使血液在静脉中做向心性流动。

尽管在威廉·哈维生活的时代，显微镜的构造并不完善，尚不能观察动脉与静脉之间的毛细血管，但是他还是通过了实验做出正确的推断。威廉·哈维逝世之后，显微镜技术得到改进，意大利解剖学家马尔皮比基在1661年发现了动脉与静脉间的毛细血管，证实了哈维的推断。

【思政主题】

勇于创新，勇于质疑，不断用科学事实验证生命的本质。

【知识点融合】

血液在心泵的作用下循一定方向在心脏和血管系统中周而复始的流动，包括体循环和肺循环，并互相连接，构成完整的循环系统，其主要意义在于保证机体新陈代谢的正常进行。机体的各个组织从血液获得各种营养物质、水分及氧气等，并利用这些物质进行氧化，产生热能，保证机体正常的功能；同时把代谢产生的二氧化碳、尿素、尿酸等废物排至血液，分别输送到呼吸器官及排泄器官，排出体外，以保持组织内部理化性质的相对恒定。另外，通过循环将内分泌腺分泌的激素输送到全身各部分，以调节机体的生理机能。血液循环是医学家通过临床和动物实验不断发现和纠正错误的观点而发现的，每一次发现和纠正都极大地推动了对血液循环认识的进步。

【分析与启发】

1. 创新思维，敢想敢干 具有创新思维，敢想敢干，才能突破惯性的束缚。尽管在威廉·哈维时代，由于科学技术发展的限制，科学家不能很好地观察身体内的细微结构，但他大胆想象并用实验验证，想象力使他跨越了认知障碍，做出正确的推断。

2. 勇于质疑，大胆假设 “盖伦血液潮汐理论”流传了近1500年之久，而后人对理论不断质疑，再通过实验来验证想法，使理论越来越接近真理。

3. 坚持不懈，勇于实践 每个领域的知识都是在一代代学者的研究中得到积累和发展。一个领域的推测需要被自己和他人反复证实并得以发展，并被后人不断补充和完善，认知才有可能变为真理。

思政故事

用热血传递温暖

每年的6月14日是世界献血者日，越来越多的人加入了献血队伍。热血递温情，点滴聚爱心，每一份献血都是生命的礼物。

董文清是一名普通的石油工人，黝黑的皮肤、结实的身体，他身上有着石油工人的坚毅与质朴。28 年里，他坚持无偿献血，累计献血 6.8 万 mL。2023 年，董文清被授予“全国无偿献血奉献奖终身荣誉奖”。

【思政主题】

无偿献血，播种大爱。

【知识点融合】

血容量是指血细胞容量与血浆容量的总和。有效循环血量是指单位时间内通过心血管系统进行循环的血量，但不包括贮存于肝、脾和淋巴血窦中或停滞于毛细血管中的血量。简单来说，就是参与心血管血液循环的血容量。血液量下降是血液循环障碍的主要内容之一，若短时间内失血量达循环血量的 20% ～ 25%，可发生失血性休克。输血是治疗休克、挽救生命的主要方法。输血是将血液通过静脉输注给患者的一种治疗方法，真正使输血成为科学有效治疗方法的科学家，是卡尔・兰德斯坦纳（Karl Landsteiner）。他从 1901 年从事相关研究，发现了人类的血型及血液凝集规律，为现代输血提供了坚实的科学基础。狭义的输血是指输注全血，广义的输血是指包括全血在内的、由血液制备的各种有形或无形成分的输注，严格来说，造血干细胞（骨髓或外周血）也算是一种特殊的输血。

【分析与启发】

1. 无私奉献，乐于助人　滴滴爱心血，暖暖公益情。董文清于几十年中献出 6.8 万 mL 血液的事迹令人钦佩。无偿献血是一种无价的公益活动，每一次挽袖献血都是失血患者重生的希望。每一次善举虽小，汇聚起来却能照亮他人生命之光。董文清的无私奉献、乐于助人是对陌生人的深切关怀，是对这个世界无言的大爱。

2. 坚持不懈，持之以恒　涓涓细流汇聚成海，点点星光辉映苍穹。做一件事情不难，但坚持几十年做同样一件事情却不容易。董文清坚持不懈、持之以恒的善举，点亮了生生不息的时代微光。

3. 小人物也可以不平凡

董文清是一名普通的石油工人，但他却不平凡，多年来，他用自己的爱心温暖着他人，用自己的行动诠释着人间大爱。他是平凡岗位上的英雄，他的温暖和奉献如同一束束温暖的阳光，照亮这个世界。

第四章　炎症

第一节　炎症的相关知识

一、炎症的概念

炎症（inflammation）是生物组织受到某种刺激，如外伤、感染等损伤因子的刺激所发生的一种以防御反应为主的基本病理过程。并非所有活体动物都能发生炎症反应，单细胞和多细胞生物对局部损伤发生的反应，均不能称为炎症。只有当生物进化到具有血管时，才能发生以血管反应为中心环节的炎症反应。

炎症是损伤、抗损伤和修复的动态过程，包括以下步骤。

1. 各种损伤因子对人体的组织或细胞造成损伤。

2. 损伤周围组织中的前哨细胞（巨噬细胞等）可识别损伤因子及组织坏死物，产生炎症介质。

3. 炎症介质使血液循环中的白细胞及血浆蛋白集合在损伤部位，稀释、中和、杀伤及清除有害物质。

4. 炎症反应的消退与终止。

5. 质细胞和间质细胞增生，修复受损伤的组织。

二、炎症的命名和分类

炎症的分类方法有很多种，可以根据炎症累及的器官、病变的程度、炎症的基本病变性质和持续的时间等进行分类。

1. 根据炎症累及的器官　在病变器官后加“炎”字，如心肌炎、肝炎、肾炎等。临床上，还常用具体受累的解剖部位或致病因子等加以修饰，如肾盂肾炎、肾小球肾炎、病毒性心肌炎、细菌性心肌炎。

2. 根据炎症病变的程度　分为轻度炎症、中度炎症、重度炎症。

3. 根据炎症的基本病变性质　分为变质性炎、渗出性炎和增生性炎。

任何炎症在一定程度上都包含变质、渗出、增生这三种基本病变，但往往以一种病变为主。以变质为主时称为变质性炎，以渗出为主时称为渗出性炎，以增生为主时称为增生性炎。渗出性炎还可以根据渗出物的主要成分和病变特点，进一步分为浆液性炎、纤维素性炎、化脓性炎、出血性炎等。

4. 根据炎症持续的时间　分为急性炎症和慢性炎症。急性炎症反应迅速，持续时间短，通常以渗出性病变为主，浸润的炎症细胞主要为中性粒细胞，但有时急性炎症也可以表现以变质或增生病变为主。慢性炎症持续时间较长，一般以增生性病变为主，其浸润的炎症细胞主要为淋巴细胞和巨噬细胞。

三、炎症的原因

凡是能引起组织和细胞损伤的因子都能引起炎症，致炎因子种类繁多，可归纳为以下几类。

1. 物理性因子　包括高温、低温、机械性创伤、紫外线和放射线等。

2. 化学性因子　包括外源性和内源性化学物质。外源性化学物质有强酸、强碱、强氧化剂和芥子气等。内源性化学物质有坏死组织的分解产物，也包括病理条件下堆积于体内的代谢产物，如尿素。药物和其他生物制剂使用不当也可引起炎症。

3. 生物性因子　包括病毒、细菌、立克次体、原虫、真菌、螺旋体和寄生虫等生物性因子。由生物病原体引起的炎症称为感染（infection）。病毒可通过在细胞内复制而导致感染，使其坏死。细菌及其释放的内毒素和外毒素，以及细菌分泌的某些酶可激发炎症。某些病原体如寄生虫和结核杆菌，通过其抗原性可诱发免疫反应而损伤组织。

4. 组织坏死　任何原因引起的组织坏死都是潜在的致炎因子。例如，在缺血引起的新鲜梗死灶的边缘所出现的出血、充血及炎症细胞浸润，是炎症的表现。

5. 变态反应 当人体免疫反应状态异常时，可引起不适当或过度的免疫反应，造成组织损伤，引发炎症反应，如过敏性鼻炎和肾小球肾炎。

6. 异物 手术缝线、二氧化硅晶体或物质碎片等残留在人体组织内可导致炎症。

四、炎症的基本病理变化

炎症的基本病理变化包括局部组织的变质、渗出和增生。在炎症过程中，它们通常以一定的先后顺序发生，病变的早期以变质或渗出为主，病变的后期以增生为主。但变质、渗出和增生是相互联系的，一般来说，变质是损伤性过程，渗出和增生是抗损伤和修复过程。

（一）变质

炎症局部组织发生的变性和坏死统称为变质（alteration）。变质可以发生在实质细胞，也可以发生在细胞间质。实质细胞常出现的变质性变化包括细胞水肿、脂肪变性、细胞凝固性坏死和液化性坏死等。间质细胞常出现的变质性变化包括黏液样变性和纤维素样坏死等。变质可以由致病因子直接作用引起，也可以由血液循环障碍及炎症反应产物的间接作用引起。变质反应的轻重不但取决于致病因子的性质和强度，还取决于人体的反应情况。

（二）渗出

炎症局部组织血管内的液体成分、纤维蛋白等蛋白质和各种炎症细胞通过血管壁进入组织间隙、体腔、体表和黏膜表面的过程称为渗出（exudation）。所渗出的液体和细胞成分总称为渗出物或渗出液（exudate）。渗出液的产生是由于血管通透性增高和白细胞主动游出血管所致。在临床工作中，渗出液需要与漏出液（transudate）进行鉴别。

通常情况下，渗出液对人体具有积极意义。

1. 渗出液稀释和中和毒素，减轻毒素对局部组织的损伤作用。
2. 渗出液为局部浸润的白细胞带来营养物质，运走代谢产物。
3. 渗出液中所含的抗体和补体有利于消灭病原体。

4. 渗出液中的纤维素交织成网，不仅可限制病原微生物的扩散，还有利于白细胞吞噬消灭病原体，在炎症后期的纤维素网架可成为修复的支架，并有利于成纤维细胞产生胶原纤维。

5. 渗出液中的白细胞吞噬和杀灭病原微生物，清除坏死组织。

6. 炎症局部的病原微生物和毒素随渗出液的淋巴液回流到达局部淋巴结，刺激细胞免疫和体液免疫的产生。

然而渗出液过多时则有压迫和阻塞作用，如肺泡内渗出液堆积可影响换气功能，过多的心包或胸膜腔积液可压迫心脏或肺，严重的喉头水肿可引起窒息。另外，渗出物中的纤维素吸收不良可发生机化，如引起肺肉质变、浆膜粘连，甚至胸膜腔缩窄。

（三）增生

在致炎因子的作用下，炎症局部的实质细胞和间质细胞可发生增生（proliferation）。实质细胞的增生，如鼻黏膜慢性炎症时被覆上皮和腺体的增生、慢性肝炎中的肝细胞增生。间质细胞的增生包括巨噬细胞、内皮细胞和成纤维细胞的增生。实质细胞和间质细胞的增生是相应的生长因子刺激导致的结果。炎症性增生具有限制炎症扩散和修复损伤组织等功能。

五、炎症的局部表现和全身反应

（一）炎症的局部表现

炎症的局部表现包括红、肿、热、痛和功能障碍。炎症局部发红是由局部血管扩张、充血所致。局部肿胀主要是由局部血管通透性增高、液体和细胞成分渗出所致。发热是由动脉性充血、血流加快、代谢增强所致。疼痛是由于渗出物压迫，以及炎症介质作用于感觉神经末梢所致，在此基础上可进一步引起局部器官的功能障碍，如关节炎可引起关节活动不灵活、肺泡性肺炎和间质性肺炎均可影响换气功能。

（二）炎症的全身反应

当炎症局部的病变比较严重，特别是病原微生物在体内蔓延扩散时，常出现明显的全身性反应，如发热、末梢血白细胞计数改变、心率加快、血压升高、寒战、厌食等。

1. 发热 是外源性和内源性致热原共同作用的结果。细菌产物等外源性致热原可以刺激白细胞释放内源性致热原，如白细胞介素 1（IL–1）和肿瘤坏死因子（TNF）。内源性致热原作用于下丘脑的体温调节中枢，通过提高局部环氧合酶水平，促进花生四烯酸转变为前列腺素 E 而引起发热。

2. 末梢血白细胞计数改变 是炎症反应的常见表现，特别是细菌感染引起的炎症。末梢血白细胞计数增加主要是由于 IL–1 和 TNF 促进了白细胞从骨髓储存库释放，因此相对不成熟的杆状核中性粒细胞所占比例增加，称为核左移。如果持续发生感染，还能促进集落刺激因子的产生，引起骨髓造血前体细胞的增殖。

多数细菌感染引起中性粒细胞增加，寄生虫感染和过敏反应引起嗜酸性粒细胞增加；一些病毒感染可引起单核巨噬细胞或淋巴细胞比例增加，发生单核细胞增多症、腮腺炎和风疹等。多数病毒、立克次体和原虫感染，甚至极少数细菌（伤寒杆菌等）感染可引起末梢血白细胞计数减少。

严重的全身感染，特别是败血症，可引起全身血管扩张、血浆外渗、有效血液循环量减少和心脏功能下降，进而引发休克。如果有凝血系统的激活，可引起弥散性血管内凝血（DIC）。

第二节　炎症之课程思政

思政故事

“糖丸爷爷”顾方舟：一生做一事

顾方舟，出生于上海，医学科学家，病毒学专家，原中国医学科学院北京协和医学院院长、一级教授，是 2019 年度“感动中国”人物之一。栏目组委会给予顾方舟的颁奖词：“舍己幼，为人之幼，这不是残酷，是医者大仁，为一大事来，成一大事去，功业凝成糖丸一粒，是治病灵丹，更是拳拳赤子心，你就是一座方舟，载着新中国的孩子，度过病毒的劫难。”

【思政主题】

一生只做一件事。

【知识点融合】

引发炎症常见的致病因素是生物性因素，其中包括细菌、病毒、支原体、衣原体、真菌、螺旋体和寄生虫。以脊髓灰质炎病毒为例，该病毒为嗜神经病毒，主要侵犯中枢神经系统的运动神经细胞，以脊髓前角运动神经元损害为主，可引起严重危害儿童健康的急性传染病，即脊髓灰质炎。患者多为 1 ～ 6 岁的儿童，主要症状是发热、全身不适、严重时肢体疼痛、发生分布不规则和轻重不等的弛缓性瘫痪，俗称小儿麻痹症。20 世纪 50 ～ 60 年代，脊髓灰质炎在我国人面积暴发，造成大量儿童残疾或畸形。预防和治疗脊髓灰质炎成为当时一项重大且必须攻克的课题。

【分析与启发】

1. 临危受命，勇担重任　1955 年，脊髓灰质炎在江苏南通发生大规模的暴发。1957 年，刚回国不久的顾方舟临危受命，开始从事脊髓灰质炎的研究工作。从此，脊髓灰质炎研究成为他一生重要的事业。从那时起，他的团队决定研发脊髓灰质病毒活疫苗，一个研究协作组随之成立。为了进行自主疫苗的研制，顾方舟团队在昆明建立医学生物学研究所，研究人员住进了偏僻的昆明西山，与死神作斗争。一个专门攻克脊髓灰质炎的研究基地出现了，他们自己搭建实验室，建立实验平台，向着消灭脊髓灰质炎的目标不懈努力。

2. 勇于奉献，舍己为人　在脊髓灰质炎疫苗Ⅲ期临床试验时，面对无法预知的试验风险，习惯于奉献、刻苦钻研的顾方舟团队成员们毅然选择以身试“苗”。经过临床监测，结果显示团队成员们的各项指标没有出现任何异常现象。接下来，成员们遇到一个严峻的问题，疫苗对儿童是否有效呢？

顾方舟做出一个惊人的举动，瞒着妻子给自己刚满月的婴儿试用了疫苗。如果疫苗安全性存在问题，他的孩子面临的可能是致残的巨大风险。然而为了全中国千千万万的孩子，他义无反顾。万幸的是，接种疫苗的孩子们，他（她）的生命体征正常。

3. 鞠躬尽瘁，奉献一生　1944 年，顾方舟以优异的成绩考取了北京大学医学院医学系。在当时的环境下，顾方舟毅然放弃了待遇高、受尊重的外科医生职业，选择从事公共卫生专业研究工作。

顾方舟上学时的志向：成为一个公共卫生学家，让更多的人远离疾病，拥抱健康。他为此奉献一生，为无数脊髓灰质炎患者带来了健康与希望，为我国公共卫生事业的发展作出了巨大的贡献。而他却只是这样说：“我一生只做了一件事，就是做了一颗小小的糖丸。”

思政故事

阵地医生白求恩救死扶伤，无私奉献

亨利·诺尔曼·白求恩是国际著名的外科医生，1938年初，他不远万里，放弃优厚的待遇来到中国延安。同年6月，他进入抗日根据地，带领流动医疗队奔赴在山西、河北两省。他总是不顾危险，亲临前线，就地施行医疗手术，从而大大减少了伤病员的死亡率，挽救了许多战士的生命。同时，他还帮助医护人员提高医疗水平，培养了一批合格的医护工作者。他对工作极度的负任、对人民极度的热忱，赢得了根据地的干部、战士和老乡的尊敬和爱戴。在一次手术中，他的手指不慎被割破，感染后继发脓毒败血症，抢救无效后不幸逝世。

【思政主题】

毫不利己、专门利人的无私奉献精神。

【知识点融合】

脓毒败血症是致病菌或条件致病菌侵入血液循环后进行生长繁殖，产生毒素和其他代谢产物所引起的急性全身性感染，是体内有化脓性病灶，病灶中的细菌栓子进入血液循环，并在各处器官或组织发生转移性脓肿，在败血症的基础上伴有多发性、转移性脓肿的疾病。本病临床上以寒战、高热、皮疹、关节痛及肝脾肿大为特征，部分可有感染性休克和迁徙性病灶。脓毒症患者通常有较确切的感染部位，如盆腔脓肿、腹腔脓肿、胆囊炎、胆管炎、阑尾炎化脓和穿孔等，还会在全身各个组织器官引起化脓性病变，如皮下脓肿、肝脓肿、肾脓肿、肺脓肿等。脓毒血症病情虽然重，但是经过正规的治疗，其预后还是比较理想的。如果脓毒血症的患者没有出现并发症，是不会有后遗症的，但是脓毒血症会导致各个器官的损伤，甚至会危及患者的生命。但本病还是有治愈的可能性，具体要看患者的体质和感染情况的轻重程度，对症治疗。

【分析与启发】

1. 医者仁心，无私奉献　1938年初，加拿大著名的胸外科专家白求恩来到了中国，在短短的一周内他就检查了520个伤员，第2周便开始进行手术，连续 4 周，他将 147 名伤员治愈。在一次一次的战斗中，尽管周围满是轰轰的炮火声，而他却在连续不断地为伤员进行手术，他说离前线越近，患者获得治疗的时间就越短，战士们在火线上就不会害怕。

2. 毫不利己，专门利人　一个人能力有大小，但只要有无私奉献的精神，就是一个高尚的人。

（温晓梨　钟友宝）

第五章　肿瘤

肿瘤是一种常见病、多发病，其中，恶性肿瘤是目前严重危害人类健康的疾病之一。研究表明，我国肿瘤的发病率和死亡率都呈增长的趋势，死亡人数最多的前十位癌症为肺癌、胃癌、食管癌、肝癌、结直肠癌、乳腺癌、脑肿瘤、宫颈癌、胰腺癌及甲状腺癌。近年来，某些恶性肿瘤发病率有逐年上升的趋势，特别是肺癌发病率逐年上升。由于肿瘤的病因及发病机制尚未完全阐明，而且缺乏满意的治疗方法，因此对肿瘤病因学、发病学、病理变化及其转归的研究，已成为当前医学领域中的重大课题。

第一节　肿瘤的相关知识

一、肿瘤的概念

肿瘤是人体在各种致瘤因素作用下，局部组织的细胞在基因水平上失去对其生长和分化的调控，导致克隆性异常增生而形成的新生物。正常细胞转变为肿瘤细胞后，在形态结构和功能代谢上都会发生异常，并在不同程度上失去分化成熟的能力，甚至接近幼稚的胚胎细胞。肿瘤生长旺盛，并具有相对的自主性，即使去除致瘤因素，肿瘤仍能持续生长，这提示致瘤因素已经使细胞的基因发生改变。

二、肿瘤的命名和分类

肿瘤种类繁多，命名复杂，一般的命名原则是要表明肿瘤的组织来源和肿瘤的良恶性。

一般良性肿瘤，无论来源于何种组织，均称为瘤，其命名方式是肿瘤的来源组织名称后加上“瘤”字，即“组织来源＋瘤”，如来源于腺上皮的良性肿瘤称为腺瘤。有时还可以结合肿瘤的形态命名，如腺瘤呈乳头状生长并有囊腔形成者称为乳头状囊腺瘤，加之囊内物为浆液或黏液者，又可称为浆液性或黏液性乳头状囊腺瘤。

一般恶性肿瘤可分为两大类，来源于上皮组织的恶性肿瘤称为癌，命名时在其来源组织名称后加一“癌”字，即“组织来源＋癌”，如来源于鳞状上皮的恶性肿瘤称之为鳞状细胞癌。来源于间叶组织的恶性肿瘤称为肉瘤，包括来源于纤维结缔组织、脂肪、肌肉、骨等，命名时在其来源组织名称后加“肉瘤”二字，即“组织来源＋肉瘤”，如平滑肌肉瘤。肿瘤中既有癌的成分，又有肉瘤的部分，称之为癌肉瘤。而癌症一般泛指所有恶性肿瘤。恶性肿瘤具有一定形态特征时，同样可结合形态特点命名，如乳头状囊腺癌。

当然还有少数肿瘤与上述命名原则不符，如来源于幼稚组织的肿瘤称为母细胞瘤，其中大部分为恶性，如神经母细胞瘤。有时为了区别良、恶性，以“恶性”为字首命名，如恶性畸胎瘤。有些肿瘤以“病”或人名进行命名，如霍奇金淋巴瘤。少数以“瘤”结尾的恶性肿瘤，如精原细胞瘤。有些以瘤细胞形态进行命名的肿瘤，如印戒细胞癌。还有以“瘤病”结尾的多发性良性肿瘤，如纤维瘤病。

三、肿瘤的基本特征

1. 肿瘤的一般形态 肿瘤的形状各种各样，取决于肿瘤的生长部位、组织来源、生长方式、周围组织的性质和肿瘤的良恶性。一般良性肿瘤形态规则，有包膜，呈结节状。恶性肿瘤形态不规则，无包膜，呈树根状、蟹足状。

肿瘤的数目和大小各异，数量通常为一个，也可以为多个；大小根据其生长时间、发生部位和良恶性相差悬殊。一般生长在体表或体腔内的肿瘤可生长较大，生长在密闭的狭小空间内的肿瘤可生长较小。恶性肿瘤生长迅速，能较早危及患者生命，而且通常它的体积不会很大。

肿瘤的颜色一般与其起源组织颜色相似，如脂肪瘤多呈黄色，血管瘤多呈红色；癌一般多呈灰白色，而肉瘤多呈灰红色。肿瘤可因其含血量的多少、有无出血、色素、变性、坏死或感染而呈现不同的颜色。

肿瘤的硬度一般取决于起源组织、实质与间质的比例，以及有无变性和坏死，如骨瘤很硬、脂肪瘤较软；肿瘤中有钙盐沉着、骨质形成或纤维成分多则较硬，当肿瘤有出血、坏死、囊性病变则较软。

2. 肿瘤的组织结构 肿瘤的组织结构呈多样性，但任何一种肿瘤都可分为实质和间质两部分。肿瘤实质是肿瘤细胞的总称，是肿瘤的主要成分，决定着肿瘤的生物学特征及其特异性。一个肿瘤通常只有一种实质，少数肿瘤含有两种或多种实质，如乳腺纤维腺瘤。肿瘤的分类、命名和组织学诊断通常是根据肿瘤的实质细胞形态来进行的。肿瘤间质一般不具有特异性，主要由结缔组织和血管组成，起着支持和营养肿瘤实质的作用。间质血管的多少对肿瘤的生长速度起到决定性作用。通常生长快的肿瘤，其间质血管多较丰富；生长慢的肿瘤，其间质血管则较少。肿瘤间质中往往有数量不等的淋巴细胞等单核细胞浸润，这是人体对肿瘤组织的免疫反应。

3. 肿瘤的异型性 肿瘤的异型性是指肿瘤组织在组织结构和细胞形态上与其发源的正常组织的差异性，其大小反映了肿瘤组织的分化程度。肿瘤异型性越小，表示它与起源的正常组织或细胞越相似，因而分化程度越高。识别肿瘤异型性大小是诊断肿瘤、确定肿瘤良恶性及恶性程度高低的主要依据。肿瘤的异型性通常表现为肿瘤细胞的异型性和肿瘤组织结构的异型性。

一般良性肿瘤细胞异型性小，与其起源正常细胞相似，而恶性肿瘤细胞异型性大。肿瘤细胞的异型通常表现为瘤细胞多形性、瘤细胞核多形性、瘤细胞质的改变。

通常恶性肿瘤细胞比一般正常细胞大，各个瘤细胞的大小和形态很不一致，有时可以出现形态奇特、体积很大的瘤巨细胞。但也有少数分化很差的肿瘤，其瘤细胞较正常细胞小，大小也较一致，如肺小细胞癌。

瘤细胞核的多形性通常表现为瘤细胞核的大小、形状及染色的异常，可出现巨核、双核、多核或奇异核；核染色加深，染色质呈粗颗粒状，分布不均匀，常堆积于核膜下，使核膜显得增厚；核仁肥大，数量增多；核分裂象增多，常出现不对称为性、多极性等病理性核分裂象，对诊断恶性肿瘤具有重要意义。

细胞质的改变主要由于瘤细胞质内核蛋白体增多而呈嗜碱性，有些肿瘤可出现黏液、糖原、脂质、角蛋白、色素等肿瘤分泌物或代谢物，可通过特殊染色显示，有助于肿瘤的鉴别。

四、肿瘤的生长和扩散

（一）肿瘤的生长

肿瘤的生长速度主要取决于肿瘤细胞的分化程度。良性肿瘤分化程度高，一般生长缓慢，可达数年甚至更长，有时还可呈间断性生长；恶性肿瘤分化程度低，生长较为迅速，短时间内可形成明显肿块，并由于血液及营养供应相对不足，易发生变性、坏死、出血及感染等继发性改变。

肿瘤的常见生长方式有膨胀性生长、浸润性生长和外生性生长。

1. 膨胀性生长　为大多数良性肿瘤的生长方式。良性肿瘤生长缓慢，不侵袭周边组织，随着肿瘤逐渐生长膨大，只是将周围的组织机械性地推开或挤压。良性肿瘤常呈结节状，有完整包膜，和周围组织分界清楚；位于皮下者，检查时可推动，易于手术摘除，术后不易复发。

2. 浸润性生长　为大多数恶性肿瘤的生长方法。恶性肿瘤生长迅速，随着瘤细胞不断分裂增生穿破原有组织，如树根样或蟹足状侵入并破坏周围组织。恶性肿瘤一般包膜不完整，与周围组织紧密连接并分界不清；触诊时，肿瘤固定，活动度小，手术不易切除，术后容易复发。浸润性生长是恶性肿瘤区别于良性肿瘤的重要形态学标志，也是恶性肿瘤发生转移的基础。

3. 外生性生长　通常是发生在体表、体腔或自然管道表面的肿瘤，常向表面生长，形成突起的乳头状、息肉状、蕈状或菜花状的肿物。良恶性肿瘤均可以这种方式生长，但恶性肿瘤通常同时会在基底部有浸润性生长，并由于生长迅速、血供不足，易发生坏死脱落而形成底部高低不平、边缘隆起的癌性溃疡。

（二）肿瘤的扩散

肿瘤的扩散是恶性肿瘤重要的生物学特征，良性肿瘤不扩散，仅在原发部位不断生长增大；恶性肿瘤不但在原发部位继续生长，还可以向周围浸润蔓延，并通过转移向身体其他部位扩散。恶性肿瘤扩散的主要方式有直接蔓延和转移。

直接蔓延是恶性肿瘤向周围组织浸润，沿组织间隙、淋巴管、血管或神经束连续的生长，侵入并破坏邻近的正常组织或器官，如晚期乳腺癌可穿过胸肌和肋骨侵入胸腔甚至到肺部。

转移是恶性肿瘤从原发部位侵入淋巴管、血管或体腔，至其他部位而继续生长，形成与原发瘤同类型的继发性肿瘤过程，所形成的继发性肿瘤称为转移瘤。常见的转移途径有淋巴道转移、血道转移和种植性转移。

1. 淋巴道转移 为癌常见的转移方式。毛细淋巴管通透性高，一般无完整基膜，内皮细胞的间隙较宽，故癌细胞易于侵入淋巴管，再随淋巴流到达局部淋巴结。转移的癌细胞先聚集于边缘窦，逐渐累及整个淋巴结，使淋巴结肿大变硬，切面呈灰白色。局部淋巴结发生转移后，可继续沿淋巴管转移至其他淋巴结，甚至可通过胸导管而入血。如果淋巴结或淋巴管被瘤细胞堵塞，淋巴液发生逆流，瘤细胞可通过逆流的淋巴液转移，如胃癌转移后，可逆流转移至左锁骨上淋巴结。

2. 血道转移 瘤细胞侵入血管后，随血液到达远处器官继续生长，形成转移瘤。肉瘤的间质内富含薄壁小血管，易被瘤细胞侵入，早期可发生血道转移。某些血供丰富的癌，如肝癌及绒毛癌，以及大多数癌的晚期都可以发生血道转移。侵入体循环静脉的瘤细胞可经右心到肺，在肺内形成转移瘤；侵入门静脉系统的瘤细胞，发生肝转移；侵入肺静脉的瘤细胞，可经左心随血流到达全身各器官。血源性转移瘤的形态特点为散在分布，瘤呈球形，边界清楚；位于器官表面的转移瘤，中央可因缺血坏死而塌陷，形成“癌脐”。某些肿瘤对器官有一定的特异性。血道转移虽然可见于许多器官，但常见于肺和肝脏。

3. 种植性转移 体腔内器官的恶性肿瘤蔓延至器官表面时，瘤细胞可脱落，并像播种一样种植在体腔内其他器官的表面，形成多个转移瘤。种植性转移多见于腹腔内的恶性肿瘤，如胃癌侵袭浆膜后，可脱落种植到大网膜或卵巢内；肺癌也可在胸腔内形成种植性转移；脑部的恶性肿瘤可经脑脊液转移至脑或脊髓。浆膜腔内的种植性转移常伴有血性浆液性积液，抽取积液做细胞学检查可见恶性肿瘤细胞，在临床诊断中具有重要意义。

五、肿瘤对人体的影响

良恶性肿瘤对人体的影响如下。

1. 良性肿瘤对人体的影响 主要是局部的压迫和阻塞，与肿瘤发生的部位有关。体表的肿瘤一般对人体无严重影响，消化道良性肿瘤可引起肠梗阻或肠套叠，颅内良性肿瘤可压迫脑组织而引起颅内压升高。一般良性肿瘤并发症较少，有时可引起继发性病变，对身体造成不同程度的影响，如卵巢囊腺瘤发生蒂扭转，造成瘤体坏死引起急腹症；黏膜面的良性肿瘤可发生溃疡等。内分泌系统来源的良性肿瘤，常因某种激素分泌过多而引发相应症状，如垂体前叶的嗜酸性细胞腺瘤分泌生长激素可引起巨人症或肢端肥大症。

2. 恶性肿瘤对人体的影响 除了局部压迫和阻塞症状外，还可因恶性肿瘤的浸润和转移，破坏器官的结构和功能，人体重要器官结构被破坏引起的功能丧失是恶性肿瘤患者死亡的重要原因之一。恶性肿瘤并发症较为多见，可因浸润、坏死，并发溃疡、出血、穿孔、感染等，肿瘤压迫、浸润神经组织可引起顽固性疼痛。恶性肿瘤晚期患者可发生严重消瘦、乏力、贫血、全身衰竭、皮肤干枯呈黄褐色的临床综合征，称为恶病质。一些非分泌腺肿瘤能产生和分泌激素或激素类物质，称为异位内分泌肿瘤。由于肿瘤的产物或异位免疫反应或其他不明原因，还可引起内分泌、神经、消化、造血等系统的病变，称为副肿瘤综合征。

第二节 肿瘤之课程思政

思政故事

抗癌舞者王乐飞：乐观是最好的抗癌药

王乐飞是安徽合肥的一名舞蹈老师，2021 年她被诊断患上了三阴性乳腺癌，这是一种难治性乳腺癌，与其他类型的乳腺癌相比，发生转移的可能性更高，而且治疗后生存率更低，无法靶向治疗，复发率高达 70%。

“谈癌色变”是大家对癌症的普遍反映，当然对于王乐飞也是如此，在被确诊为肿瘤时，她对丈夫笑称是“中奖了”，为了不让家人担心，始终装作坚强的模样，但她内心依然十分煎熬，也觉得难以接受这个事实。

但乐观的王乐飞没有因此一直消沉下去，而是迅速调整好状态，在确诊后的 1 个月，她在朋友圈说道：“事情来了咱就面对，有病治，关于舞，是一定要跳下去的，信念在，舞不停。”生病之后，王乐飞用视频记录自己的抗癌生活，记录自己在医院治疗的过程，拍摄、剪辑、发布都是她自己完成的，在视频的最后总要用一句玩笑话来结尾。她将自己对舞蹈的热爱和对生活的乐观通过网络传播出去，不但影响了身边的朋友，也使同王乐飞一样受癌症困扰的人们深受鼓舞，找到了生活的希望。

【思政主题】

乐观是抗癌良药。

【知识点融合】

痛苦的心理可能贯穿肿瘤诊断和治疗的临床全过程，这是每一位肿瘤患者都要面对的问题。研究表明，精神状态、机体免疫功能的好坏在癌症的发病、发展及预后的过程中起着举足轻重的作用。对于肿瘤患者，良好的心态是健康必备的条件。精神崩溃、失去生活信心的患者，生存率可能会显著降低。古希腊名医希波克拉底曾说：“人的精神是疾病的良医。”乐观的精神、良好的情绪、积极的心理状态可激发神经、内分泌和免疫系统功能，提高机体免疫力，从而更好地杀灭癌细胞。帮助患者树立良好的心理状态，克服恐惧和焦虑，远离孤独和抑郁，避免愤怒与仇视，能显著提升治疗效果，从而改善患者的生活质量。肿瘤患者在日常生活中应择其乐而从之，遇其忧而弃之，使自己无妄求、少杂念。

【分析与启发】

1. 心态乐观，科学面对 癌症对所有人来说无疑是一个巨大的苦难，对患者家庭也是一次巨大的打击。此时我们更应该乐观积极地面对生活，配合医生积极治疗。王乐飞在罹患癌症后，不但积极配合医生的治疗方案，而且在治疗过程中始终以乐观的心态面对疾病，并将这份乐观传递下去，帮助更多有需要的人。

2. 信念坚定，热爱生命 抗癌过程中会有痛苦和绝望，但逃避现实是无济于事的，唯有敢于积极面对的勇气和配合科学治疗的态度才能有希望“战胜”它。王乐飞在患病后，始终没有放弃自己热爱的舞蹈事业，在医生确定可行的情况下，她继续在舞蹈工作室教学生跳舞，带领学生去全国各地参加比赛。她把人生的坎坷，变成了舞台上的光芒。

思政故事

江西南昌抗癌厨房：温暖感动中国

“抗癌厨房”位于江西省肿瘤医院旁边，与肿瘤医院只有一墙之隔，它的经营者是万佐成和熊庚香夫妇。抗癌厨房的故事还要从2003年讲起，万佐成夫妇最初在医院旁经营一家早餐店，一天上午，一位骨癌患儿的母亲到小巷找到万佐成问能否借用店里的炉子给自己的孩子炒几道菜，万佐成了解情况后没有迟疑便欣然同意。这个消息很快在患者家属间传开了，自此来店里炒菜的人络绎不绝，而万佐成夫妇也从不拒绝，并且还添置了十多套厨具和煤球炉供大家免费使用。后来随着人数越来越多，为了“抗癌厨房”能维持下去，万佐成夫妇只收成本钱，炒菜只收1元，因此被患者和家属亲切地称为“一元爱心厨房”。

万佐成夫妇荣获“感动中国2020年度人物”称号，但他们却没有到现场领奖，而是他们担心如果自己外出了，患者家属就没有地方做饭了。万佐成夫妇先后获得“感动中国2020年度人物”“第八届全国道德模范”等荣誉称号。

【思政主题】

关爱癌症患者，爱心传递人间。

【知识点融合】

恶性肿瘤早期多无明显全身症状，部分患者可出现体重减轻、食欲不振、恶病质、大量出汗（夜间盗汗）、贫血、乏力等非特异性症状。此外，10%～20%的肿瘤患者在发病前或发病时会产生与转移、消耗无关的全身和系统症状，称为副肿瘤综合征，表现为肿瘤热、恶病质、高钙血症、抗利尿激素异常分泌综合征、类癌综合征等。癌症的治疗需要采取综合疗法，即根据患者的身体状况、肿瘤的病理类型、侵犯范围等情况，综合采用多种治疗手段，较大幅度地提高肿瘤治愈率，改善患者的生活质量。其中，调整饮食结构、补充各种营养元素、合理运动等都可以增强机体的免疫防御力，对防癌和抗癌都是非常有必要的。

【分析与启发】

1. 加强人文关怀，点燃生命之火　癌症对患者的身体会造成巨大损害，其病程较长，在治疗过程中往往需要耗费大量的金钱，这对患者家属造成了巨大的经济负担和心理负担。万佐成夫妇说这些年在“抗癌厨房”见过太多的生死离别，而且自己的家人也曾不幸罹患癌症，应该给癌症患者和家属更多的关怀和鼓励。

2. 全心服务人民，不计个人得失 万佐成夫妇不计个人得失，全年无休为大家服务，并且将“抗癌厨房”当作是自己一生的事业。作为医务工作者，更应全心全意为人民服务，除人类之病痛，助健康之完美。

第六章 缺氧

第一节 缺氧的相关知识

一、缺氧的概念

氧是生命活动的必需物质。因组织供氧不足或不能充分利用氧，导致组织功能代谢和形态结构发生异常变化的病理过程称为缺氧。

二、常用的血氧指标

血氧分压（partial pressure of oxygen，PO_2）是指物理状态下溶解于血液中的氧所产生的张力。动脉血氧分压（PaO_2）正常值为 80 ～ 100mmHg，主要取决于吸入气体的氧分压和肺的外呼吸功能状态；静脉血氧分压（PvO_2）正常值为 35 ～ 40mmHg，主要取决于组织摄取氧和利用氧的能力，可反映内呼吸的状态。

血氧容量（oxygen binding capacity，CO_{2max}）是指在氧分压为 150mmHg、温度为 38 ℃时，100mL 血液中的最大携氧量。正常时 CO_{2max} 为 20mL/dL，取决于血液中血红蛋白（Hb）的量及其与氧结合的能力。

血氧含量（oxygen content，CO_2）是指 100mL 血液中实际含有的氧量，包括 Hb 实际结合的氧和血液中物理溶解的氧。正常时，人体血液中物理溶解的氧量甚微，可忽略不计，主要取决于血氧分压和血氧容量。正常动脉血氧含量（CaO_2）约为 19mL/dL，静脉血氧含量（CvO_2）约为 14mL/dL。

血氧饱和度（oxygen saturation，SO_2）是指血氧含量占血氧容量的百分比，约等于血液中氧合 Hb 占总 Hb 的百分数。正常动脉血氧饱和度（SaO_2）为 95% ～ 98%，静脉血氧和度（SvO_2）为 70% ～ 75%。SO_2 主要取决于 PO_2，两者之间的关系曲线呈“S”形，称为氧解离曲线。此外，SO_2 还与血液 pH 值、温度、二氧化碳分压（PCO_2）及红细胞内 2,3- 二磷酸甘油酸（2,3-DPG）的含量有关。当血液 pH 值降低、体温升高、PCO_2 升高或红细胞内 2,3-DPG 增多时，Hb 与氧的亲和力降低，氧解离曲线右移；反之，则左移。

三、缺氧的类型、原因和发病机制

根据缺氧的原因和血氧变化特点，将其分为低张性缺氧、血液性缺氧、循环性缺氧和组织性缺氧四种类型。

（一）低张性缺氧

低张性缺氧是指因吸入气氧分压过低、外呼吸功能障碍或静脉血分流入动脉，导致动脉血氧分压下降、血氧含量减少，组织供氧不足，又称为乏氧性缺氧。

1. 原因与机制

（1）吸入气氧分压过低　多发生于海拔 3000m 以上的高原、高空，或通风不良的矿井、坑道或吸入低氧混合气体等。

（2）外呼吸功能障碍　多发生于呼吸道狭窄或阻塞、肺部疾病、胸腔疾病、呼吸肌麻痹或呼吸中枢抑制等。

（3）静脉血分流入动脉　多见于某些先天性心脏病患者。

2. 血氧变化特点　低张性缺氧时，PaO_2、CaO_2 和 SaO_2 均下降，CO_{2max} 正常（急性）或略有增高（慢性），动静脉血氧含量差减小（急性）或正常（慢性）。其机制：进入血液的氧减少，使 PaO_2 下降，低 PaO_2 抑制氧与 Hb 结合使 CaO_2 降低；急性低张性缺氧时，Hb 量变化不明显，故 CO_{2max} 一般正常；慢性低张性缺氧时，因红细胞和 Hb 代偿性增多，可致 CO_{2max} 增高；CaO_2 下降而 CO_{2max} 不变甚至有所增高，故 SaO_2 降低；急性低张性缺氧时，PaO_2 下降导致氧弥散的动力减弱，氧弥散减少，使动静脉血氧含量差减小。

低张性缺氧时，当毛细血管血液中脱氧浓度增加到 5g/dL 以上时，皮肤与黏膜呈青紫色，称为发绀。

（二）血液性缺氧

血液性缺氧是指由于血红蛋白数量减少或性质改变，使血液携氧能力下降，或与 Hb 结合的氧不易释放而引起的组织缺氧。发生血液性缺氧时，血液中物理溶解的氧量不变，PaO_2 正常，故又称为等张性缺氧。

1. 原因与机制

（1）贫血　严重贫血时，单位容积血液内红细胞和 Hb 数量减少，血液携氧减少而致缺氧，又称贫血性缺氧。

（2）一氧化碳中毒　Hb 可与一氧化碳（CO）结合形成碳氧血红蛋白（HbCO）。CO 与 Hb 的亲和力是 O_2 的 210 倍，故使其失去携氧能力。同时，CO 与 Hb 中的某个血红素结合后，可增加其余 3 个血红素对氧的亲和力，使与 Hb 结合的氧释放减少。此外，CO 还能抑制红细胞内糖酵解，使 2,3-DPG 生成减少，氧离曲线左移，导致氧合血红蛋白的 O_2 不易释放，加重缺氧。

（3）高铁血红蛋白血症　Hb 中的二价铁可在亚硝酸盐、过氯酸盐、磺胺类、高锰酸钾等氧化剂的作用下氧化成三价铁，生成高铁 Hb，导致高铁血红蛋白血症。高铁 Hb 中的 Fe^{3+} 因与羟基牢固结合而丧失携氧能力，亦可使氧离曲线左移，氧不易释放，从而导致组织缺氧。体内氧化剂过多时，特别是食用含大量硝酸盐的腌菜或变质蔬菜后，肠道细菌将硝酸盐还原为亚硝酸盐，吸收入血后导致高铁血红蛋白血症，引起血液性缺氧。

（4）Hb 与氧的亲和力异常增高　多见于输入大量库存血（其中红细胞 2,3-DPG 含量较低）或输入大量碱性液时，使 Hb 和 O_2 的亲和力增加，O_2 不易释放，从而引起缺氧。

2. 血氧变化特点　血液性缺氧时，PaO_2 和 SaO_2 正常，CaO_2 和 CO_{2max} 均下降或正常，动静脉血氧含量差减小。其机制：外呼吸功能正常，PaO_2 正常，从而 SaO_2 也正常；Hb 量减少（贫血）或性质改变（CO 中毒和高铁血红蛋白血症），使 CaO_2 和 CO_{2max} 下降；Hb 与 O_2 亲和力异常增高时，CaO_2 和 CO_{2max} 则正常。

（三）循环性缺氧

循环性缺氧是指由于血液循环障碍，组织的血液灌流量减少，使组织供氧量减少而引起的缺氧，又称为低动力性缺氧。

1. 原因与机制

（1）全身性血液循环障碍　多见于心力衰竭、休克等。

（2）局部性血液循环障碍　多见于心脑血管疾病，如动脉硬化、血管炎、血栓形成、栓塞或淤血等。

2. 血氧变化特点　循环性缺氧时，PaO_2、CaO_2、CO_{2max} 和 SaO_2 均正常，动静脉血氧含量差增大。其机制：外呼吸功能正常，使氧的摄取和弥散正常，故 PaO_2 正常，受 PaO_2 影响的 SaO_2 也正常；Hb 量和质均正常，故 CaO_2 和 CO_{2max} 含量正常；循环障碍使血液流经组织毛细血管的时间延长，组织细胞从单位体积血液中摄取的氧量增多，使动静脉血氧含量差增大。由于毛细血管血液中脱氧血红蛋白含量增多，故易出现发绀。

（四）组织性缺氧

组织性缺氧是指在组织供氧正常的情况下，因组织、细胞利用氧的能力下降而导致的缺氧。

1. 原因与机制

（1）线粒体氧化磷酸化受抑制　多见于氰化物、硫化物、磷等中毒，其中典型的是氰化物中毒。

（2）线粒体损伤　大剂量放射线照射、高温和细菌毒素等可损伤线粒体的结构，影响线粒体功能，导致氧化磷酸化障碍。

（3）维生素缺乏　某些维生素如维生素 B_1、维生素 B_2，以及泛酸、烟酰胺等严重缺乏，可引起呼吸酶合成障碍，从而影响氧化磷酸化过程，导致氧利用障碍。

2. 血氧变化的特点　组织性缺氧时，氧的供应正常，因此，PaO_2、CaO_2、CO_{2max} 和 SO_2 均正常。由于氧的利用发生障碍，故静脉血氧含量升高，使动静脉血氧含量差减小。由于毛细血管内氧合 Hb 含量增加，故患者皮肤、黏膜可呈鲜红色或玫瑰红色。

四、缺氧时人体的代谢和功能变化

各种类型缺氧所引起的变化既相似，又不同。下面以低张性缺氧为例说明缺氧对人体的影响。

（一）组织细胞的变化

1. 组织细胞的代偿反应

（1）细胞利用氧的能力增强　慢性缺氧时，细胞内线粒体数量和膜表面积均增加；生物氧化相关酶如琥珀酸脱氢酶、细胞色素氧化酶含量增多和活性增强，提高了细胞利用氧的能力。

（2）糖酵解增强　缺氧时，糖酵解关键酶磷酸果糖激酶活性增强，加速糖酵解过程。

（3）载氧蛋白表达增加　缺氧时，肌红蛋白、脑红蛋白等多种载氧蛋白，尤其是肌红蛋白表达增加。

（4）低代谢状态　缺氧时，细胞的能量消耗减弱，如糖、蛋白质合成减少，离子泵功能受抑制，使细胞处于低代谢状态。

2. 缺氧性细胞损伤

（1）细胞膜损伤　缺氧时，ATP 生成不足，离子泵转运障碍及自由基作用使细胞膜对离子的通透性增高，导致离子顺浓度差通过细胞膜，其后果：Na^+ 内流增加引发细胞水肿；K^+ 外流增加引发高钾血症；Ca^{2+} 内流增多引发钙超载，抑制线粒体功能，激活磷脂酶，导致溶酶体损伤、水解酶释出，加重细胞的损伤。

（2）线粒体损伤　急性缺氧时，线粒体氧化磷酸化功能降低，ATP 生成减少。严重缺氧时，可引起线粒体结构损伤，主要表现为肿胀、嵴断裂崩解、线粒体膜破裂等。

（3）溶酶体损伤　严重缺氧时，溶酶体破裂，溶酶体酶释出引发细胞自溶。

（二）呼吸系统的变化

1. 肺通气量增大　呼吸系统代偿反应主要表现为呼吸加深加快，肺通气量增加。其发生机制与动脉血氧分压降低、动脉血二氧化碳分压升高、胸廓呼吸运动增强等因素有关。

2. 高原性肺水肿　急性低张性缺氧可以引起高原性肺水肿。如从平原快速进入 4000m 以上的高原时，可在 1 ～ 4 天内发生高原性肺水肿，表现为咳嗽、呼吸困难、粉红色泡沫痰、肺部湿啰音、皮肤黏膜发绀等。其发病机制可能与肺动脉高压及肺微血管壁通透性增高有关。

3. 中枢性呼吸衰竭 严重缺氧，当动脉血氧分压低于30mmHg时，可严重影响中枢神经系统的能量代谢，直接抑制呼吸中枢，出现中枢性呼吸衰竭，主要表现为呼吸抑制、呼吸节律和频率不规则，出现周期性呼吸和潮式呼吸等。

（三）循环系统的变化

1. 循环系统的代偿反应

（1）心排血量增加 其发生机制主要与心率加快、心肌收缩力增强、回心血量增加等因素有关。

（2）血液重新分布 缺氧时，全身器官的血液重新分布，心和脑的血流量增多，而皮肤、内脏、骨骼肌和肾组织的血流量减少。这种血流的重新分布保证了心、脑等重要器官的血液供应，具有重要的代偿意义。

（3）肺血管收缩 缺氧时，肺泡氧分压下降，局部肺小动脉收缩，肺泡壁血流量减少，使肺泡通气与血流比例趋于平衡，利于氧的弥散，可维持较高的 PaO_2。缺氧引起肺小动脉收缩的机制与交感神经兴奋、缩血管物质（血栓素 A_2、内皮素、血管紧张素Ⅱ等）增多、血管平滑肌细胞 Ca^{2+} 内流增多有关。

（4）组织毛细血管增生 长期慢性缺氧可促使毛细血管增生，尤其以心和脑更为明显，增加组织细胞供氧量。

2. 循环系统功能障碍 严重缺氧可引起循环系统功能障碍，长时间缺氧可引起心脏发生形态学改变，引发高原性心脏病、肺源性心脏病等，进而引发心力衰竭。其发生机制与肺动脉高压、心肌收缩与舒张功能障碍、回心血量减少及心律失常等因素相关。

（四）血液系统的变化

1. 红细胞和血红蛋白增多 急性缺氧时，交感神经兴奋，使肝、脾等储血器官血管收缩，将储存的血液释放入体循环，使循环血中红细胞数目增多。慢性缺氧时红细胞增多，主要是由促红细胞生成素促进骨髓造血功能增强所致。

2. 红细胞内2,3-DPG增多，红细胞释氧能力增强 缺氧时，红细胞糖酵解增强，2,3-DPG增多，使Hb与氧的亲和力降低，氧解离曲线右移，有利于血液内的氧向组织释放。

（五）中枢神经系统的变化

急性缺氧可引起情绪激动、头痛、思维能力降低及动作不协调等。严重者可出现惊厥或意识障碍。慢性缺氧时，表现为易疲劳、嗜睡、注意力不集中、记忆力减退及精神抑郁等症状。缺氧引起脑组织形态学变化主要表现为脑细胞肿胀、变性、坏死及间质脑水肿。

五、缺氧治疗和氧中毒

缺氧治疗的主要原则是对症治疗和纠正缺氧。

（一）去除病因

去除病因是缺氧治疗的前提和关键。

（二）氧疗

通过吸入氧分压较高的空气或纯氧治疗疾病的方法称为氧疗。氧疗是治疗缺氧的首要措施。吸氧对各种类型缺氧可有不同程度的效果。

1. 低张性缺氧　氧疗对低张性缺氧的效果最好。

2. 血液性缺氧　血液性缺氧因病因不同，氧疗效果有很大的差别。严重贫血患者吸氧后，血液含氧量增加有限，但吸氧可增加血浆内溶解的氧。严重CO中毒患者吸入纯氧后，可通过O_2与CO竞争，使Hb结合O_2的作用增加，加速CO从HbCO中解离出来。严重高铁血红蛋白血症患者吸氧，可增加血液中溶解的氧量而起治疗作用。

3. 循环性缺氧　吸氧能起一定的治疗作用。

4. 组织性缺氧　因供氧并无障碍，缺氧的原因是组织或细胞利用氧的能力下降，故氧疗的疗效有限。

（三）防止氧中毒

氧中毒是指如果长时间吸入氧分压过高的气体则可引起组织细胞损害。氧中毒的发生主要取决于吸入气氧分压而不是氧浓度。正常情况下，进入组织细胞的氧仅少部分产生活性氧，但可被清除而不产生毒性。如供氧过多，活性氧产生过多，超过机体的清除能力，则引起组织细胞损伤。

第二节 缺氧之课程思政

思政故事

植树造氧，保护环境

李淑彬，贵州新丰村人，1982年她开始上坡植树造林，为了保护好树木，她常年吃住在山上，以植树为业。村民们在她的感召下，也纷纷参与植树造林。几十年来，李淑彬共绿化荒山430公顷，40多万株杉木已长成参天大树。春日里的新丰村生机勃勃，上千亩杉林苍翠欲滴。

回想曾在20世纪80年代，李淑彬看着岩石裸露、风沙四起的山坡，痛心地说："不种树，不行了。"有人知道她的愿望后，找到李淑彬，说："这些树苗没人要，尽管拿去。"就这样，李淑彬与植树造林结下了不解的情缘。

村民告诉记者："我们这里空气这么好，全靠李淑彬种的这些树。"她吃穿俭朴，却倾其所有，竭力守护杉林。为保护树林不受破坏，李淑彬和丈夫向群众宣传，坦言他们植树造林不是为富个人口袋，图的是青山常在、绿水长流。

【思政主题】

提高空气质量，保护生态环境，共建美好家园。

【知识点融合】

种植面积较大且将来能形成森林和森林环境的，称为造林。如果面积很小，将来不能形成森林和森林环境的，称为植树。造林的基本措施包括适地适树、细致整地、良种壮苗、适当密植、抚育保护、工具改革，以及可能的灌水、施肥。植树造林的好处在于保持水土、抵挡风沙、经济建设、清除空气污染、调节气温、制造氧气等。

【分析与启发】

李淑彬从1982年开始上山开荒造林，不仅有效防止了水土流失和土地沙漠化，更能植树造氧、净化空气、美化环境，有利于生态环境的保护。

空气是人类赖以生存和发展的重要自然资源。人类生活或工农业生产过程中产生的氨气、二氧化硫、一氧化碳、氮化物、氟化物等气体会改变原有空气的成分，造成污染，引起全球气候变化，破坏生态平衡。大气环境与人类的生存息息相关，几乎每一个因素都能影响人类。

自然环境是人类生存的基本条件，是发展生产、繁荣经济的物质来源。没有地球广阔的自然环境，人类就不可能生存繁衍。随着人口的快速增长和生产力的发展，科学技术的飞速发展，以及工业和生活垃圾不断增加，大气、水、土壤污染日益严重，自然生态平衡受到严重破坏，许多资源日益减少，水土流失、土地沙漠化也日益严重，人类健康受到严重威胁。因此，维护生态平衡、保护环境，是关系人类生存和社会发展的根本问题。

思政故事

缺氧不缺精神，艰苦不怕吃苦

王长山是一名普通的银行员工。“从点滴做起，从基层做起”一直是王长山的座右铭。2015 年，他主动申请到甘南藏族自治州采日玛村开展扶贫工作，并担任驻采日玛村工作队队长。当时已 50 多岁的王长山，历经 4 年，辗转 3 个贫困村，与藏民们同吃、同住、同生活。因他长期驻守高原地区，时常出现流鼻血、脱发、呼吸困难等不适症状，但他从未抱怨，尤其看到村中帮扶过的藏民日子过得越来越好，他心里充满踏实的感觉，即使身体再多的不适也都不重要了。王长山说：“扶贫工作是一场马拉松，比的是恒心、毅力，要坚守初心、有始有终。”

经过长达 3 年的帮扶工作，采日玛村贫困户从 25 户 230 人降低到 5 户 20 人，贫困率从 18% 降低到 0.3%。采日玛村终于摘掉了贫困村的帽子，王长山因为出色的工作表现被授予“优秀工作队长奖”。

【思政主题】

弘扬奉献精神，不忘初心，全心全意为人民服务。

【知识点融合】

高原病亦称高山病，当人体急速进入海拔 3000m 以上高原并暴露于低压低氧环境后则产生各种不适。高原病是高原地区独有的常见病，常见的症状有头痛、失眠、食欲减退、疲倦、呼吸困难等。头痛是高原病最常见的症状，常为前额和双颞部跳痛，夜间或早晨起床时疼痛加重。高原病根据发病急缓，分为急性、慢性两类，再根据低氧突出损害的器官系统进行临床分型。

【分析与启发】

“缺氧不缺精神，艰苦不怕吃苦”，挂在王长山嘴边的这句话始终鼓励着他不忘初心、砥砺前行。这种不畏艰苦、吃苦耐劳、无私奉献、全心全意为人民服务的精神，值得我们学习。我们要像王长山那样，坚定理想信念，倾心为民，面对困难更要迎难而上，勇于奉献，在平凡的岗位上，坚守初心使命，创造不平凡的业绩，实现人生价值。

（周志愉　钟友宝）

第七章　发热

第一节　发热的相关知识

正常成人体温维持在 37℃左右，在一昼夜间体温波动幅度一般不超过 1℃。人体温度存在性别和年龄的差异，如女性的平均体温略高于男性 0.2℃。在炎热的夏天，人体受到热的刺激，刺激体温调节中枢的散热中心，使散热增多、产热减少，则体温维持在正常水平；相反，在寒冷的冬天，人体受到寒冷刺激，刺激体温调节中枢的产热中心，使产热增多，散热减少，使体温维持在正常水平。多种生理和病理性因素都可以引起体温升高，包括生理性体温升高、过热和发热。比如剧烈运动后、妇女月经前期等都有体温升高的现象，这些属于生理性体温升高。过热是指体温调节机制失调或调节障碍，使人体不能将体温控制在与调定点相适应的水平而引起的非调节性体温升高，多见于：①过度产热；②散热障碍；③体温调节中枢功能障碍。

发热有三个关键要素：一是病因，发热有致热原的作用。二是作用部位，作用于体温调节中枢。三是作用的结果，调定点上移，体温升高超过 0.5℃。

一、发热的病因

发热的原因多且发生机制较复杂，其主要环节包括发热激活物作用于致热原细胞，使其产生和释放内生致热原。内生致热原作用于下丘脑体温调节中枢，在中枢发热介质的作用下，使体温调定点上移，引起人体产热增加和散热减少，从而引起体温升高。

发热激活物：来自体内和体外，能刺激人体细胞产生内生致热原的物质，统称为发热激活物，主要包括外致热原和某些体内产物。来自体外的发热激活物称为外致热原，主要包括革兰阴性菌、革兰阳性菌、病毒、寄生虫和其他病原微生物，一般属于感染性因素。大肠杆菌、伤寒杆菌、脑膜炎球菌、淋球菌等革兰阴性菌的菌壁上脂多糖，又称内毒素，具有极强的致热性，是常见的外致热原。肺炎球菌、金黄色葡萄球菌、溶血性链球菌等革兰阳性菌也是常见的致热原。引起发热的体内产物有抗原－抗体复合物、炎症渗出物、致热性类固醇三种激活物，一般属于非感染性因素。

在发热激活物的作用下，体内某些细胞产生和释放的能引起体温升高的物质称为内生致热原，主要有单核细胞、巨噬细胞、内皮细胞、淋巴细胞等。

二、发热的发病机制

以致热原性发热（主要因素）为例，阐述发热的发病机制（图 7–1）。

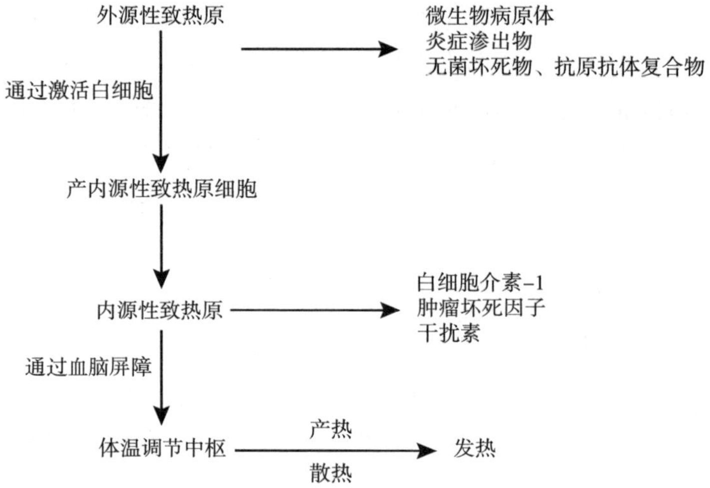

图 7-1　发热的发病机制

三、发热时相和热代谢特点

发热分为三个时相，即体温上升期（寒战期）、高温持续期（高热稽留期）、体温下降期（出汗期）。

1. 体温上升期（寒战期） 体温低于调定点水平，刺激体温中枢发出升温指令，引起骨骼肌不随意周期性收缩，患者寒战（有感畏寒，但体温是升高的，只是低于调定点水平），产热增多；同时交感神经兴奋引起皮肤竖毛肌收缩而出现鸡皮疙瘩；皮肤血管收缩而出现皮肤苍白，散热减少。此期热代谢特点是产热增多，散热减少，产热多于散热，体温上升。

2. 高温持续期（高热稽留期） 随着中心体温逐渐上升到调定点新水平，进入高温持续期（高热稽留期），产热与散热达到新的平衡。皮肤血管由收缩转为舒张，血流增多而皮肤发红，散热增多，产生酷热感，蒸发水分增多，皮肤、口唇比较干燥。此期热代谢特点是在体温调定点上移后维持在高水平，产热水平接近散热。

3. 体温下降期（出汗期） 若发热激活物在体内被控制或消失，内源性致热原及增多的中枢发热介质被清除，体温调定点恢复至正常水平，中心体温又高于调定点水平。此时，体温中枢发出降温指令，散热增加，产热减少，散热多于产热，引起大量出汗，皮肤潮湿，进入了体温下降期（出汗期）。此期热代谢特点是散热多于产热。

四、发热的功能、代谢变化

发热有利有弊，一定程度的发热有利于人体抵抗感染、清除对人体有害的致病因素。另外，发热是疾病的重要信号，对疾病的防治有着重要的意义。从机制上看，内生致热原是一些具有免疫调节功能的细胞因子，强化人体的特异与非特异免疫反应，以及体液与细胞的免疫反应。发热时人体处于一种明显的分解代谢过旺的状态，持续高热引起人体能量物质过度消耗，使脏器的功能负荷加重。在原有疾病的基础上，发热甚至可能诱发相关器官的功能不全。高热可引起一些代谢旺盛的组织或细胞的病理形态改变，如颗粒变性、线粒体肿胀、内质网扩张等。发热持续时间过长或体温升高过高可导致脱水、谵妄和高热惊厥等危重情况。发热对人体消极的作用是体温升高本身和发热激活物、内生致热原及发热性中枢介质对人体综合作用的结果。

五、发热的处理原则

发热是多种疾病共有的病理过程，治疗时应针对发热的原因和病情权衡利弊。对一些原因不明的发热，在不危害健康的前提下不能急于降低体温，以免掩盖病情、延误诊断和抑制人体的免疫功能。

第二节　发热之课程思政

思政故事

温热之躯：体温计百年之路

意大利著名物理学家和天文学家伽利略首次根据热胀冷缩的原理，设计了温度计，用一根直而细长的玻璃管，上面有刻度，一端封闭、呈球形，另一端开放。使用时，需要在温度计中注满水，并将未封闭的一端插在水里。当周围的气温发生变化时，管内水柱的高低会发生变化，由此可以得知气温的高低，但易受到大气压的影响。为了解决这个问题，1654 年，伽利略的学生伏迪南将盛水的瓶子密封起来。但是在这样密封的瓶子里，空气的膨胀和收缩就不太明显了。能不能将空气换成热胀冷缩更为明显的其他材料呢？伏迪南想到了液体。他试验了多种液体，发现乙醇在受热或变冷的时候，体积变化很大。于是他将乙醇装在玻璃球里。再把玻璃球加热，让一部分乙醇成为蒸气。等到乙醇蒸气把玻璃管里的空气全“赶”跑了，就把玻璃管的口子封闭。这样，不受大气压影响的乙醇温度计就诞生了。乙醇温度计比伽利略的气体温度计测量结果要准确得多，但也有不可克服的缺点：乙醇的沸点是 78℃，如果所测温度在 78℃以上，玻璃管里刻度就会模糊不清了。

直至 1659 年，法国人布利奥将测温物质改为水银，这就是现代温度计的雏形。到 19 世纪中期，医用体温计长度达 30.28cm，要花费 20 分钟才能获得准确的温度读数。1867 年，英国医生奥尔伯特根据人和动物的体温特点及需求，发明了一种很有特色的体温计，仍是依据热胀冷缩的原理，由玻璃制成，内装水银。其特点是在储存水银的细管里有一狭道，当测量体温时，玻璃液泡中的水银受热而体积膨胀，由曲颈部分上升至玻璃管内某一部位，达到热平衡后，水银柱稳定。当体温计离开人体后，由于外界温度较低，水银遇冷而体积收缩，就在狭窄的曲颈部分断开，使已经升入管内的水银无法退回，仍保持着水银柱与人体接触时所达到的温度，此时的温度即是被测者的体温。这个使水银柱在离开人体时断开的设计非常巧妙，有效保证了测量体温的准确性，颇受欢迎，很快得到了广泛的应用。

虽然在奥尔伯特之后，临床开始广泛使用温度计，但真正让体温测量在临床上得到重视的，是德国卡尔·赖因霍尔德·奥古斯特·翁德利希。翁德利希特别有毅力，他用了整整 15 年的时间，采集了 2.5 万例患者的体温，收集了 100 万个读数。1868 年，翁德利希发表了自己的研究结论，一个健康人的体温为 36.3 ～ 37.5℃，人体正常的体温平均值为 37℃。人体体温时刻在变化着，正常体温只是一个范围而不是一个固定点。在那个没有大数据分析的年代，正是极有耐心和毅力的翁德利希，在临床实践中不断对患者进行体温测量后，绘制了著名的体温曲线。自此，体温测量成为临床医生诊断疾病的重要指标之一。

【思政主题】

求真务实，传承创新。

【知识点融合】

人体内部的温度称为体温。保持恒定的体温，是保证新陈代谢和生命活动正常进行的必要条件。正常人的体温是相对恒定的，它通过大脑和丘脑下部的体温调节中枢，调节神经和体液发挥作用，使产热和散热保持动态平衡。正常体温不是一个具体的温度点，而是一个温度范围。人体深部的体温较为恒定和均匀，称为深部体温；而体表的温度受多种因素影响，变化和差异较大，称为表层温度。临床所指的体温是平均深部温度，直肠体温最接近深部体温。正常值：口腔舌下温度为 36.3 ～ 37.2℃；直肠温度为 36.5 ～ 37.7℃，比口腔温度高 0.2 ～ 0.5℃；腋下温度为 36.0 ～ 37.0℃。正常体温的标准是根据多数人的体温数值而得，并非个体的绝对数值。

【分析与启发】

1. 求真务实，传承创新　通过介绍体温计发展过程，让学生了解科学家们在研究中如何设计实验、严谨求实。这种“从理论到实践”的过程不仅是医学发展的基石，也是不断传承创新的过程。从体温计的演变，学生们可以意识到创新往往来源于对常见现象的深入观察。作为未来的医学工作者，要在“医技精进”中树立创新意识，将实践中的问题转化为探索的动力。

2. 执着专一，追求新知　通过讲述翁德利希的故事，让学生领悟到，在医学研究中，细致入微的观察和数据积累非常重要。同时，科研工作者不因学术研究的繁杂而放弃，而是应专注于追求真理，这种毅力和奉献精神在医学研究中十分重要。在学习或科研中，当遇到困难时，要如何秉持这种持之以恒的精神，不断深入探索，最终将个人努力转化为社会贡献。

3. 持之以恒，坚韧不拔　翁德利希敏锐的科学思维和强大的科学试验执行能力，直到今天都令人惊叹。每天给患者测量体温的医生有很多，但真正想到在体温和疾病进程中建立两者关联的医生却非常之少。每一个医学生在科研和医学实践中，都应持之以恒，坚忍不拔。

（王晓敏　许星明）

第八章 水肿

第一节 水肿的相关知识

体液在组织间隙或体腔中积聚过多，称为水肿，是一种病理过程，不是一个独立的疾病。体腔内过多的液体积聚称为积水，如心包积水、胸腔积水、腹腔积水、脑积水等。

一、水肿的发病机制

正常人体组织液总量是恒定的，主要依赖于两大调节因素，即血管内外液体交换平衡和体内外液体交换平衡，这种平衡如失调可导致水肿。

血管内外液体交换失衡驱使血管内液体向外滤出的力量是毛细血管有效流体静压，即毛细血管血压与组织液流静压之差，约为 30mmHg。而促使液体回流至毛细血管内是有效胶体渗透压，即血浆胶体渗透压与组织液胶体渗透压之差，约为 23mmHg，可见，正常组织液的生成略高于回流。淋巴回流可将略多生成的组织液送回体循环，还可将毛细血管漏出的蛋白质、细胞代谢产生的大分子物质回吸收入体循环，调节循环血量。

二、血管内外液体交换失衡

毛细血管流体静压增高，多见于充血性心衰、肿瘤压迫、静脉血栓、妊娠等。血浆胶体渗透压降低，多见于蛋白合成障碍（肝硬化）、蛋白丢失过多（肾病综合征）、蛋白质分解代谢增强（恶性肿瘤）、稀释性低蛋白血症（大量水、钠潴留）等。淋巴回流受阻，多见于肿瘤细胞栓塞、乳腺癌根治摘除、丝虫病等情况，可造成血管内外液体交换失衡，引起水肿。

三、人体内外液体交换失衡：水钠潴留

正常人体内水和钠的摄入量和排出量保持动态平衡，从而保证体液量的相对恒定。人体如发生球－管失衡，则发生水钠潴留，是水肿发生的重要原因。水钠潴留由以下因素引起。

1. 肾小球滤过率下降 如急性肾小球肾炎，肾小球被大量破坏，引起肾小球滤过率下降；如充血性心衰，肾素－血管紧张素系统激活，肾血流量减少；如尿路结石、肿瘤等原因引起的尿路梗阻，肾盂内压升高，使肾小球囊内压升高。以上因素均可引起肾小球滤过率下降，导致水钠潴留。

2. 肾小管重吸收增加

以下因素可导致肾小管重吸收增加。

（1）醛固酮分泌增多或灭活减少，促进远曲小管重吸收钠，进而导致水钠潴留。

（2）抗利尿激素分泌增加，促进远曲小管和集合管重吸收水增多，是引起水钠潴留的重要原因。

（3）心房肽抑制近曲小管重吸收钠，增加肾小球滤过率；也可抑制醛固酮分泌和肾素活性。

（4）肾小球滤过分数增加。

（5）肾血流量的重新分布，在某些病理情况下如有效循环血量减少时，皮质肾单位的血流量明显减少，而流入近髓肾单位血流量增多，水钠重吸收增加。

总之，在不同类型水肿的发生和发展过程中，通常是多种因素先后或同时发挥作用。因此，在临床治疗中，需对患者的情况进行具体分析，选择适合的治疗方案。

四、常见的水肿类型及其特点

1. 心性水肿 右心衰竭时，由于重力关系，水肿首先出现在下垂部位，能

走动的患者以足及胫前部为重。卧床患者以骶部水肿最为明显，严重时波及全身。心性水肿主要由心排血量减少、静脉回流障碍引起。

2. 肾性水肿　晨起面部水肿，尤以眼睑水肿最为明显。肾性水肿主要由血浆胶体渗透压下降、水钠潴留等因素引起。

3. 肝性水肿　严重肝脏疾病引起的水肿，多表现为腹水。肝性水肿主要由静脉回流受阻、血浆蛋白减少和水钠潴留引起。

4. 肺水肿　过多的液体在肺组织间隙与肺泡内积聚。一般是从间质性肺水肿开始，然后发展为肺泡水肿。心、肾功能不全时，大量输液致肺毛细血管流体静压升高和血浆胶体渗透压下降，引起肺水肿。如大叶性肺炎时，肺炎链球菌和炎症介质等可引起肺毛细血管通透性增加、血浆胶体渗透压下降和肺淋巴回流障碍，造成过多的液体在肺泡内积聚。

5. 脑水肿　脑水肿由过多液体在脑组织间隙中积聚引起。脑水肿分为血管源性脑水肿、细胞中毒性脑水肿和间质性脑水肿。脑组织处于容积固定的颅腔内，如过多液体聚集则引起头痛、呕吐、视神经盘水肿等颅内高压症状，甚至可危及生命。三类脑水肿可同时存在，也可先后发生。

五、水肿对人体的影响

1. 有利影响　当血容量迅速增加时，大量液体及时转移至组织间隙，防止循环系统压力急剧上升，避免了血管破裂和心衰的危险。炎症发作时，水肿液可稀释毒素且水肿液中的大分子物质能吸附有害物，阻碍其入血；水肿液中的纤维蛋白原在组织间隙中可形成纤维蛋白网，阻碍细菌游走，便于吞噬细胞定向运动；水肿液运送药物和抗体，对机体起着保护作用。特定条件下，如缺血组织和冻伤组织的水肿液在短时间积聚，某种程度上起到营养液的作用，可延缓组织坏死，利于细胞修复。

2. 不利影响　水肿液的积聚，增大细胞与毛细血管的弥散距离，压迫毛细血管，使细胞与毛细血管间的营养物质交换障碍，影响组织细胞代谢。重要器官的水肿可引起严重后果，如肺水肿致缺氧；心包积液和胸腔积液致心肺功能不全；脑水肿时，颅内压升高，导致脑疝或脑功能紊乱，甚至引起呼吸、心脏骤停。

第二节　水肿之课程思政

思政故事

强心之苷：洋地黄的“成名史”

由右心衰竭引起的全身水肿，常被称为心源性水肿。因为重力的作用，水肿常先出现于身体的下垂部位，如下肢的脚踝易出现凹陷性水肿。

作为抗心衰药物的代表——洋地黄，在临床上发挥着举足轻重的作用。然而，两百多年前，人们发现吃这种植物能通便，用其治疗便秘，但其副作用导致多起中毒事件，故洋地黄被视为有毒，人人敬而远之。

1775 年，英国威廉·维瑟林接诊了一位脚和腿肿得非常严重的患者，夜间肢体不能平卧，具有典型全心衰竭的症状，维瑟林束手无策。意外的是，数月后，这位患者又再次出现在了维瑟林的面前，双下肢的水肿已消失，意外康复。经询问得知，患者在生命的弥留之际服用了一种草药茶，服用一段时间后下肢水肿竟消失了。维瑟林随后花重金买下了这种秘制草药茶的配方，经过他仔细的研究分析，认定紫花洋地黄是其有效成分。

此后的十年里，维瑟林一直潜心于研究洋地黄的治疗效果。他将洋地黄的花、叶、蕊等不同成分，分别制成粉剂、煎剂、酊剂、丸剂，并比较其疗效，发现在开花前采得的叶子研成的粉剂疗效最好。此外，他还给 160 多名患者服用了不同的洋地黄调和物，并仔细记录他们用药后的反应。1785 年，他根据自己大量的实验结果，总结了洋地黄的毒性，并强调了剂量的重要性，确定了用药的最适剂量。

【思政主题】

探索未知，追求新知。

【知识点融合】

心源性水肿是由心脏功能障碍引发的机体水肿，可呈现全身性或局限性水肿，其特点是水肿逐渐形成，首先表现为尿量减少、肢体沉重、体重增加，逐渐出现下肢及全身水肿。水肿先从身体的下垂部位开始，以踝部最为明显，逐渐发展为全身性水肿。同时伴有右心衰竭和静脉压升高等体征，也有心悸、气喘、颈静脉怒张、肝脏肿大，甚至胸腔积液、腹腔积液等。

【分析与启发】

1. 系统研究，跨学科合作　维瑟林对洋地黄的不同成分进行了系统的研究与比较，药物研发需要全面考察药物的化学成分、剂型和给药方式，以确定最佳的治疗效果。洋地黄研究涉及植物学、药理学等学科知识，同时，现代药物研发也越来越依赖于多学科团队的合作，以整合不同领域的知识和技术。

2. 严谨求实，精益求精　听闻患者服用某种草药方后能痊愈，维瑟林立马找到来源，不惜花重金买来药方，探索有效成分。而在得知有效成分是紫花洋地黄时，他马上探究其最适剂量。以严谨求实、精益求精的态度，做好每一项科学实验，博极医源，精勤不倦。

3. 执着专一，追求新知　维瑟林在十年间执着研究洋地黄的有效成分和最适剂量，不断进行实验并总结经验，这体现了他执着专一、追求新知的精神。执着专一的态度使得研究者能够深入探索某一特定领域，积累丰富的专业知识和实践经验。追求新知的精神使研究者不断探索医学新领域，推动医学的创新与进步。

（王晓敏　许星明）

第九章　休克

第一节　休克的相关知识

休克（Shock）是指人体在严重失血、失液、感染、创伤等各种强烈致病因素的作用下，有效循环血量急剧减少，组织灌流量严重不足，引起组织细胞缺血、缺氧，以致各重要生命器官的功能、代谢障碍或结构损害的全身性病理过程。

临床上常根据引起休克的原因不同，分为失血性休克、烧伤性休克、创伤性休克、感染性休克、过敏性休克、心源性休克、神经源性休克等。各种病因都可通过血容量减少、血管床容量增加、心脏泵血功能障碍三个共同发病环节，使人体有效循环血量减少，从而导致休克的发生。

一、休克的分期与发病机制

微循环是指微动脉和微静脉之间的血液循环，是血液和组织进行物质交换的基本结构和功能单位，受神经体液调节。微循环障碍是大多数休克发生的共同基础，因此根据休克的微循环学说，将休克分为微循环缺血期（代偿期）、微循环淤血期（失代偿期）、微循环衰竭期（难治期）。

1. 微循环缺血期　又称为休克早期或休克代偿期。

当各种致休克病因作用于人体时，交感－肾上腺髓质系统兴奋，释放大量儿茶酚胺，使外周小血管广泛痉挛收缩，尤其是毛细血管前括约肌痉挛收缩，可导致毛细血管前阻力显著增加，微循环表现为少灌少流、灌少于流，从而导致缺血缺氧。

此期人体通过一些途径表现出代偿性反应，主要表现为动脉血压的维持。

（1）自我输血　静脉是人体的容量血管，当全身静脉广泛收缩，可促进回心血量增加。

（2）自我输液　由于毛细血管前阻力血管的收缩强度大于微静脉，使毛细血管流体静压下降，大量组织液从组织间隙回流进入血管，起到“自身输液”的作用。

（3）血液重新分布　交感神经兴奋时，微循环反应具有不均性，大部分外周组织微循环血管强烈收缩，而冠状动脉与脑血管扩张，促进外周血液转移进入冠状动脉与脑血管，在组织缺血缺氧的基础上，保证了心、脑等重要器官的血流供应。

临床表现：患者表现为脸色苍白、四肢湿冷、出冷汗、脉搏加快、脉压减小、尿量减少、烦躁不安。

2. 微循环淤血期　又称休克进展期或休克失代偿期。

由于微循环缺血缺氧，致局部组织酸性代谢产物堆积、扩血管物质增多，促进后微动脉、毛细血管前括约肌由收缩转为舒张，真毛细血管网血液灌注增多。但微静脉和小静脉仍保持收缩，微血管壁通透性升高，红细胞及血小板聚集，白细胞黏附、贴壁嵌塞，血液浓缩，血流阻力加大，使毛细血管后阻力大于前阻力。失代偿期表现为微循环灌而少流、灌多于流，呈淤血性缺氧，组织血液灌流量进一步减少。

在休克失代偿期，患者表现为血压和脉压进行性下降，少尿甚至无尿，皮肤黏膜发绀或出现花斑，患者表情淡漠，甚至昏迷，如不及时抢救，可发展至休克晚期。

3. 微循环衰竭期　又称难治期或弥散性血管内凝血（DIC）期，表现为微血管麻痹，微循环血液不灌不流，导致 DIC 形成或多器官功能衰竭。休克的发病机制十分复杂，除交感兴奋及体液因子大量产生所致的微循环障碍外，还与休克病因直接作用或微循环障碍发生后所引起的细胞损伤、微血管通透性增加及炎症因子级联反应等因素有关。

微循环衰竭期患者表现为循环衰竭，出现进行性、顽固性低血压，脉搏细弱而频速，静脉塌陷，中心静脉压（central venous pressur，CVP）下降，并发 DIC。此时患者常因两个或两个以上重要器官，如心、脑、肺、肝、肾等器官，相继或同时发生功能障碍，从而出现多系统器官功能不全或衰竭（multiple system organ failure，MSOF）而导致死亡。

二、常见休克的病变特点

1. 低血容量性休克 多见于大失血、严重创伤、烧伤或腹泻、呕吐等原因引起的短时间内血容量急剧下降。此型休克分期明显，临床症状典型，其发展过程基本符合代偿期、失代偿期、难治期逐渐发展的特点。此外，由于肠道血流减少，缺血缺氧，造成屏障功能降低，引起肠源性内毒素及细菌的移位，导致内毒素血症，进而发生感染性休克，向不可逆性休克发展。

2. 感染性休克 感染性休克是临床上常见且治疗较困难的一种休克类型，常见于流行性脑膜炎、细菌性痢疾、大叶性肺炎和腹膜炎等严重感染性疾病，死亡率非常高。感染性休克的特点主要体现在两个方面：①革兰阴性菌的内毒素（LPS）在体内可诱导单核－巨噬细胞和中性粒细胞等产生大量细胞因子和炎症介质，促进休克的发生和发展；②血流动力学的变化，可表现为低动力型和高动力型两种不同的典型类型。

3. 过敏性休克 又称变应性休克，可发生于对某些药物（青霉素、普鲁卡因）、血清制剂（破伤风抗毒素、白喉类毒素）等过敏原（变应原）可致敏的人群，若不及时处理，常可危及生命。过敏性休克属于Ⅰ型变态反应，过敏反应使血管广泛扩张，外周血管床容量增大；毛细血管壁通透性增高，血浆外渗，致使血容量和回心血量急剧减少，动脉血压迅速且显著地下降。过敏性休克的表现与程度，可因人体反应性、抗原量及途径的不同而有很大差别。

4. 心源性休克 常见于急性大范围心肌梗死时，也可见于严重心肌炎、心肌病、心包填塞、严重心律失常或慢性心力衰竭终末期等。此型休克的始动环节是心泵功能障碍导致的心输出量迅速显著减少，其特点是血压在休克早期就显著降低。

5. 神经源性休克 神经源性休克多见于严重创伤、高位脊髓麻醉或损伤等。上述因素使血管运动中枢发生抑制或传出的交感缩血管纤维被阻断，小血管紧张性丧失而发生血管扩张，导致外周血管阻力降低，血液淤积于微循环内，回心血量与有效血容量减少，血压下降。神经源性休克起病急，如能及时诊断、治疗，预后较好。

第二节　休克之课程思政

思政故事

黄金四分钟

2020 年 7 月 28 日晚，安徽医科大学第一临床医学院学生李子寒疲惫而欣喜，疲惫的是在过去的两小时中，他一直陪着突发疾病的室友从宿舍赶往急救中心，直到医生查明并诊断室友为“急性胃痉挛剧痛引起的休克”后才离开；欣喜的是在抢救的“黄金四分钟”，正是他通过心肺复苏将室友救醒，并及时送医。说起当时的惊魂一刻，李子寒觉得幸好自己学过急救知识。2019 年，该校团委和国际教育学院共同组织开展“健康扶贫青春行 · 救在身边”实践活动，参加活动的学生需要配合医生为居民们提供健康咨询服务，开展急救知识宣传、急救方法解读和急救技能培训等系列活动。李子寒作为其中一员，正是通过活动前期的严格培训，学习和掌握了心肺复苏、人工呼吸等急救技能，以及自动体外电除颤仪（AED）的使用、常见创伤包扎止血和固定、创新搬运技术等急救技能。

【思政主题】

练就过硬本领，担当神圣使命。

【知识点融合】

心肺复苏（CPR），是针对骤停的心脏和呼吸采取的救命技术，是为了帮助患者恢复自主呼吸和自主循环。2020 年 8 月，中国红十字会总会和教育部联合印发《关于进一步加强和改进新时代学校红十字工作的通知》，将学生健康知识、急救知识，特别是将心肺复苏纳入学生学习内容。心肺复苏是基础生命支持（BLS）的重要抢救步骤，当心脏骤停时，必须立即以徒手方法争分夺秒地进行复苏抢救，以使患者心、脑及全身其他重要器官获得最低限度的紧急供氧（通常正规训练的手法可提供正常血供的 25% ～ 30%）。BLS 包括突发心脏骤停（SCA）识别、紧急反应系统的启动、早期 CPR、迅速使用 AED 除颤。关键性基础生命支持的步骤主要包括以下几个方面：①评估现场环境安全及患者的意识、呼吸、脉搏等；②脉搏检查；③启动紧急医疗服务，并获得 AED；

④胸外按压；⑤开放气道，如采取仰头抬颏法和推举下颌法；⑥人工呼吸；⑦ AED 除颤。高级生命支持（advanced life support，ALS）又称二期复苏或高级生命维护，是在 BLS 的基础上应用器械和药物，建立和维持有效的通气和循环，识别和控制心律失常，直流电非同步除颤，建立有效的静脉通道及治疗原发性疾病。ALS 应尽早开始施行。

高级生命支持的主要步骤：①气道控制；②呼吸支持；③用药复苏；④电击除颤。

心肺复苏成功与否，主要包括颈动脉搏动恢复，面色由发绀转成红润，如转为灰白则复苏无效，以及恢复自主呼吸，或瞳孔由大变小并有对光反射，甚至有眼球活动及四肢抽动。如果出现如下情况则可终止复苏：①患者呼吸和循环已有效恢复；②无心脏搏动和自主呼吸，CPR 在常温下持续 30 分钟以上，紧急医疗服务（Emergency Medical Services，EMS）人员到场确定患者已死亡；③有 EMS 人员接手承担复苏或其他人员接替抢救。

【分析与启发】

1. 学习急救知识，为生命保价护航　近年来，我国每年因心脏疾病猝死的人数不断递增，心源性猝死也成为大学生群体中除车祸、溺水等意外事故外的主要死亡原因之一。当心源性猝死发生时，心脏骤停的最佳抢救时间较短，一般称为“黄金 4 分钟”。4 分钟内成功被救者，存活率可达 32%。遗憾的是，我国每年心源性猝死患者超过 50 万人，院外抢救成功率却不足 1%。

作为传播科学知识的“关键群体”和应用前沿科技成果的“先行群体”，在大学生群体中率先开展急救知识的普及和 AED 急救设备的使用，不仅可以有效降低高校学生心源性猝死的概率，还能带动其他社会群体积极关注院外急救事件，提升整个国民的公众急救意识与能力。

《健康中国行动（2019—2030 年）》文件中多次提及学生急救知识普及工作，要把学生健康知识、急救知识，特别是心肺复苏纳入考试内容，把健康知识、急救知识的掌握程度和体质健康测试情况作为学校学生评优评先、毕业考核和升学的重要指标，做到“能、会、敢”。“能救”是指推动校园 AED 配置规范化，扩大范围与密度，加速急救观念普及和提高人员救援意愿。“会救”是指普及推广心肺复苏的知识，让更多大学生掌握这项急救技能。“敢救”是指创造社会支持、法律支持、舆论支持的急救环境，让更多的大学生在关键时刻敢于救人。

2. 勇担责任使命，服务社会 新时代中国青年要增强学习紧迫感，孜孜不倦学习，努力掌握科学文化知识和专业技能，在社会服务中充实自我，提升自我的思想高度。

作为青年人，尤其是医学青年，面对任何一条生命在濒临死亡之际，都有义务和责任站出来进行施救，以自身行动践行医学生的誓言。

思政故事

弘扬中医学，倡导中西医结合

随着中医急症学的学术地位在20世纪的日益提高，中医学对休克的研究也日益深入，认为休克与中医学中的厥证、脱证、闭证相关。2000多年前的《黄帝内经》就已经记载了厥证："举凡突然昏倒，不省人事或四肢厥冷之症统命为厥。"这与休克表现有相似之处。金元时期后，各医家不断对厥证认识趋向完善与系统，对病情诊治的认识也逐渐完备。中医学还认为休克主要是各病理因素引起的闭证。闭证伴随在休克的全过程当中，只是闭郁程度随病情加重有一个量变过程。但不论是何种原因引起的休克，从中医学的临床角度来看都伴有正气的大亏，甚至有厥脱之象，如神萎、面色苍白、少气、汗出、脉微等。因此，也可以认为休克的病因基础是虚证。中医学在辨证治疗休克类疾病的历史中，各医家研制了生脉散、四逆汤、参附汤等疗效极佳的名方和各类针刺疗法。然而，我们也应该认识中医学对休克的认识也有不当之处，还应"取其精华，去其糟粕"。

【思政主题】

传承中医精髓，弘扬国医文化，倡导中西医结合。

【知识点融合】

休克是临床常见的急症之一，是指组织器官的微循环灌注不足，使组织缺血、缺氧，不能维持正常的代谢活动，是机体受到强烈刺激或损伤以后发生的严重应激反应。中医古籍中并没有休克的名称，但从休克的临床表现和特点而言，可将休克归属于"厥证""脱证"等范畴。中医学的"厥证"有寒厥和热厥两种类型，属于实证；"脱证"有气脱和血脱的区别，属于虚证。无论是厥证还是脱证，都以四肢厥冷为主要临床表现，这与休克的临床表现相符。张景岳谓："厥逆之证，危证也。盖厥者尽也，逆者乱也，即气血败乱之谓也。"所以积极有效的抢救是成功的关键。根据病因、病机和临床表现，对休克大致可辨证分为热厥、寒厥、气脱、血脱四种类型。脱证和厥证在一定条件下，可以相互影响和转化。引起休克的原因有很多，其中不乏外邪致病者。因此，在休克过程中，邪毒盛实是不可忽视的病理因素之一。除风、寒、暑、湿、燥、火等毒邪外，内生的痰、瘀毒更是普遍存在。临床上，尽管轻度休克（甚至中、重度）仅表现为邪毒盛实，未见典型的闭证，但随着正气受损程度的加重，邪毒内闭之势趋于明显，它可以聚结于人体的各个脏器，引发热闭心包、热结胃肠、痰蒙心窍、湿闭三焦等后果。

【分析与启发】

1. 继承发扬优秀传统中医药文化，坚定文化自信 中医药对疾病诊断、治疗和康复的经验方法从古至今为民族健康作出了巨大的贡献。中医药凝聚着深邃的哲学智慧，是中国古代科学的瑰宝，也是打开中华文明宝库的钥匙。中医药文化中有关理法方药的创新思考、治疗手段的变革发展也蕴含着中国文化中求实进取、精益求精等高尚品格。作为新时代的青年，要坚定“四个自信”，要有“江山留胜迹，我辈负登临”的使命担当。身为中医药院校的学子更应积极响应国家号召，立振兴中医药之志，筑中医药信念之基，使中医药这一中华瑰宝薪火相传。

2. 不断更新自身医药观念 中西医在文化背景、学科属性、医学模式、诊疗思维、发展特点及治疗特点等都具有明显的差异，但我们不能因为两者之间存在差异而去互相否认对方，应尽最大的努力发挥各自的优势。医生需要不断学习新理论和新方法，更新陈旧的概念。

（施旻　蒋青青）

第十章　心血管系统疾病

第一节　心血管系统疾病的相关知识

心血管系统由心脏和血管组成。心脏是血液循环的动力器官，它依靠节律性的搏动，推动血液不断地在血管中流动，将血液运输到全身各个器官和组织。经过毛细血管时，血液与组织或细胞完成物质交换和气体交换，最后各器官的血液汇入静脉回流到心脏。

心血管系统疾病是当今严重威胁人类健康的常见重要疾病。在我国和欧美一些国家，心血管系统疾病的发病率和死亡率均居第一位。本章节主要介绍常见的心血管系统疾病。

一、动脉粥样硬化

动脉粥样硬化（atherosclerosis，AS）是心血管系统中常见的疾病，以血管内膜形成粥瘤（atheroma）或纤维斑块（fibrous plaque）为特征，主要累及大动脉和中等动脉，致管壁变硬、管腔狭窄和弹性减弱，引起相应器官缺血性改变。我国 AS 发病率仍呈逐年上升趋势，多见于中老年人。

动脉硬化（arteriosclerosis）泛指一类以动脉壁增厚、变硬和弹性减退为特征的动脉疾病，包括以下 3 种类型：①动脉粥样硬化，在此类疾病中常见且具危险性。②动脉中层钙化，很少见，好发于老年人的中等肌型动脉，表现为血管中膜的钙盐沉积。③细动脉硬化，表现为细小动脉的玻璃样变，常见于高血压和糖尿病。

（一）病因和发病机制

1. 危险因素

AS 的确切病因仍不清楚。下列因素被视为其发生的危险因素。

（1）高脂血症（hyperlipidemia） 是指血浆总胆固醇（total cholesterol，TC）和（或）甘油三酯（triglyceride，TG）异常增高。

研究发现，LDL 被动脉壁细胞氧化修饰后具有促进粥样斑块形成的作用。目前认为氧化 LDL（oxidized-LDL，ox-LDL）是最重要的致粥样硬化因子，是引起内皮细胞和平滑肌细胞（smooth muscle cell，SMC）损伤的主要因子。ox-LDL 不能被正常的 LDL 受体识别，易被巨噬细胞的清道夫受体（scavenger receptor）识别并被快速摄取，促进巨噬细胞形成泡沫细胞（foam cells），从而促使 AS 的发生。而高密度脂蛋白（HDL）可通过胆固醇逆向转运机制清除动脉壁的胆固醇，防止 AS 的发生。此外，HDL 还有抗氧化作用，能防止 LDL 的氧化，并可竞争性抑制 LDL 与内皮细胞的受体结合而减少其摄取。LDL、极低密度脂蛋白（VLDL）、甘油三酯（TG）值异常增高是判断 AS 和冠心病（CHD）的最佳指标。

（2）高血压（hypertension） 高血压促进 AS 发生的机制还不十分清楚。越来越多的研究表明，随着对高血压的治疗，冠心病发病率显著降低。另外，使用钙离子通道阻滞剂和血管紧张素转换酶（ACE）抑制剂降低血压的同时，也同等程度降低了心脑血管疾病的发生。

据统计，高血压患者与同年龄、同性别无高血压者相比，前者 AS 发病更早，且病变更严重。可能是由于高血压时，血流对血管壁的机械性压力和冲击，引起血管内膜的损伤，使血管内膜对脂质的通透性增加，导致脂质蛋白极易渗入血管内膜。与此同时，单核细胞和血小板黏附并迁入血管内膜，血管壁中膜平滑肌细胞（SMC）迁入血管内膜，从而促进 AS 的发生。

（3）吸烟 研究表明，吸烟是心肌梗死主要的独立危险因子。无论是主动吸烟，还是被动吸烟，都会损害血管内皮的舒张功能。内皮舒张度是评判动脉健康的标准。吸烟导致 AS 的机制可能是吸烟使血液中 CO 浓度增高，从而造成血管内皮细胞缺氧性损伤。大量吸烟可使血液中的 LDL 易于氧化，ox-LDL 可促进血液单核细胞迁入血管内膜并转化为泡沫细胞，促使 AS 的发生。

（4）致继发性高脂血症的疾病

1）糖尿病（diabetes）：患者血中 TG 和 VLDL 水平明显升高，HDL 水平较低，而且高血糖可致 LDL 氧化，促进血液单核细胞迁入血管内膜及转变为泡沫细胞，促使 AS 的发生。

2）高胰岛素血症（hyperinsulinemia）：血中胰岛素水平越高，HDL 含量越低，冠心病的发病率和死亡率越高。

3）甲状腺功能减退和肾病综合征：可引起高胆固醇血症，使得血浆中 LDL 明显增高，导致继发性高脂血症。

（5）遗传因素　CHD 的家族聚集现象提示，遗传因素是 AS 发病的危险因素之一。LDL 受体的基因突变导致血浆中 LDL 升高，即使患者年龄很小，也可能因此而发病。另外，某些已知基因可能对脂质的摄取、代谢和排泄产生影响，是导致高脂血症常见的病因。家族性高胆固醇血症患者是由于 LDL 受体的基因突变，导致肝脏对血液中 LDL 清除障碍，从而使血浆中 LDL 水平极度增高。

（6）性别与年龄　女性在绝经期前 AS 发病率低于同年龄组男性，HDL 水平高于男性，LDL 水平低于男性。绝经期后，这种差别消失，这是由于雌激素具有改善血管内皮的功能、降低血浆胆固醇水平的作用。

（7）代谢综合征（metabolic syndrome，MS）是一种合并有高血压，以及葡萄糖与脂质代谢异常的综合征，伴有 LDL 升高和 HDL 降低。MS 是高血压、血糖异常、血脂紊乱和肥胖症等多种代谢成分异常聚集的病理状态，它的直接后果是导致严重心脑血管疾病的发生，并可引发患者死亡。

2. 发病机制

AS 的发病机制尚未阐明，有多种学说从不同角度对其进行了阐述。

（1）脂质渗入学说　此学说认为，血浆增多的胆固醇及胆固醇酯等沉积于动脉内膜，引起结缔组织增生，使动脉壁增厚和变硬，继而结缔组织发生坏死而形成动脉粥样斑块。

（2）损伤－应答反应学说　内皮细胞不仅是血液和血管平滑肌之间的一层半通透性屏障，而且可通过释放具有抗增生效应的扩血管物质及具有促有丝分裂作用的缩血管物质，对血管进行局部调节。各种刺激因素，如机械性损伤、LDL 偏高、免疫因素、高胆固醇血症、吸烟、毒素和病毒等，可使内皮细胞结构和功能发生不同程度的损伤，使脂蛋白易于过量沉积在血管内膜，同时引起血小板黏附、聚集和释放出各种活性物质，进一步加重了内皮细胞的损伤。

（3）动脉 SMC 学说　动脉中膜 SMC 迁入血管内膜并增生，是动脉粥样硬化进展期病变的重要环节。迁移或增生的 SMC 发生表型转变，由收缩型转变为合成型，可以结合、摄取 LDL 和 VLDL，成为肌源性泡沫细胞，是此时期泡沫细胞的主要来源。增生的 SMC 还可合成胶原蛋白、蛋白多糖等细胞外基质，使病变的血管内膜增厚变硬，促进斑块的形成，加速 AS 的发展。

3. 慢性炎症学说　炎症机制贯穿了 AS 病变的起始、进展和并发症形成的全过程，慢性促炎症因素导致内皮细胞损害，内皮功能障碍致使 LDL 和炎细胞进入内皮下，形成泡沫细胞和 AS。

（二）病理变化

1. 基本病理变化

（1）脂纹（fatty streak）　是 AS 肉眼可见的最早病变。肉眼观：为点状或条纹状黄色不隆起或微隆起于血管内膜的病灶，常见于主动脉后壁及其分支开口处。镜下观：病灶处的血管内膜下有大量泡沫细胞聚集。泡沫细胞体积大，圆形或椭圆形，胞质内含有大量小空泡。泡沫细胞来源于巨噬细胞和 SMC，苏丹 I 染色呈橘黄（红）色，为脂质成分。

（2）纤维斑块（fibrous plaque）　由脂纹发展而来。肉眼观：血管内膜表面见散在不规则隆起的斑块，浅黄、灰黄色或瓷白色。镜下观：病灶表面为一层纤维帽，由大量的胶原纤维蛋白聚糖及散在的 SMA 等组成，可厚薄不一，胶原纤维可发生玻璃样变。在纤维帽之下可见数量不等的泡沫细胞、SMC、细胞外基质和炎症细胞。

（3）粥样斑块（atheromatous plaque）　由纤维斑块深层细胞的坏死发展而来，是 AS 的典型病变。肉眼观：血管内膜面可见明显的灰黄色斑块。切面，斑块既向血管内膜表面隆起，又向深部压迫中膜。斑块的管腔面为白色质硬组织，深部为黄色或黄白色质软的粥样物质。镜下观：在纤维帽之下含有大量不定型的坏死崩解产物、胆固醇结晶、钙盐沉积，斑块底部和边缘出现肉芽组织、少量淋巴细胞和泡沫细胞，血管中膜因斑块压迫、SMC 萎缩、弹力纤维破坏而变薄。

（4）继发性病变　是指在纤维斑块和粥样斑块的基础上继发的病变，常见：①斑块内出血，斑块内新生的血管破裂形成血肿，血肿使斑块进一步隆起，甚至完全闭塞管腔，导致急性供血中断。②斑块破裂，斑块表面的纤维帽破裂，粥样物自裂口溢入血流，遗留粥瘤样溃疡。排入血流的坏死物质和脂质可形成胆固醇栓子，引起栓塞。③血栓形成，斑块破裂形成溃疡后，由于胶原暴露，可促使血栓形成，引起动脉管腔阻塞，进而引起器官梗死。④钙化，在纤维帽和粥瘤病灶内可见钙盐沉积，致管壁变硬、变脆。⑤动脉瘤形成，严重的粥样斑块底部的血管中膜平滑肌可发生不同程度的萎缩和弹性下降，在血管内压力的作用下，动脉壁局限性扩张，形成动脉瘤（aneurysm）。动脉瘤破裂可致大出血。⑥血管腔狭窄，弹力肌层动脉（中型动脉）可因粥样斑块而导致管腔狭窄，引起所供区域的血流量减少，导致相应器官发生缺血性病变。

2. 主要动脉的病理变化

（1）主动脉粥样硬化　病变好发于主动脉的后壁及其分支开口处，以腹主动脉病变最为严重，其余依次为胸主动脉、主动脉弓和升主动脉。前述主动脉内膜出现的各种 AS 病变均可见到，但由于主动脉管腔大，虽有严重粥样硬化，但并不能引起明显的症状。病变严重者，因血管中膜萎缩及弹力板断裂使管腔变得薄弱，受血压作用易形成动脉瘤，动脉瘤破裂后可致致命性大出血。

（2）冠状动脉粥样硬化、冠状动脉粥样硬化性心脏病及慢性缺血性心脏病

1）冠状动脉粥样硬化：是冠状动脉常见的疾病，也是威胁人类健康严重疾病之一。冠状动脉狭窄在 35 ～ 55 岁时发展较快。根据病变检出率和统计结果，以左冠状动脉前降支为最高，其余依次为右主干、左主干或左旋支、后降支。

AS 的基本病变可在冠状动脉中发生。由于其解剖学和相应的力学特点，斑块性病变多发生于血管的心壁侧。在横切面上，斑块多呈新月形，偏心位，使管腔呈不同程度狭窄。根据管腔狭窄的程度分为四级：Ⅰ级≤ 25%；Ⅱ级 26% ～ 50%；Ⅲ级 51% ～ 75%；Ⅳ级≥ 76%。

冠状血管反应性的改变是粥样硬化性冠状动脉疾病的特点。冠状动脉粥样硬化常并发冠状动脉痉挛，造成急性心脏供血减少甚至中断，引起心肌缺血和相应的心脏病变，如心绞痛、心肌梗死等，成为心源性猝死的原因。

2）冠状动脉粥样硬化性心脏病：由冠状动脉粥样硬化引起，但只有当冠状动脉粥样硬化引起心肌缺血、缺氧的功能性和（或）器质性病变时，才能称为 CHD。

CHD 时，导致心肌缺血缺氧的原因有冠状动脉供血不足和心肌耗氧量剧

增。前者是由于斑块致管腔狭窄（>50%），加之继发性病变和冠状动脉痉挛，使冠状动脉灌注期血量下降；后者可因血压骤升、情绪激动、体力劳累、心动过速等导致心肌负荷增加，冠状动脉相对供血不足。

CHD 的主要临床表现：①心绞痛（angina pectoris），是由心肌急剧的、暂时性的缺血和缺氧所造成的一种常见临床综合征。心绞痛可因心肌耗氧量暂时增加，超出了已经狭窄的冠状动脉所能提供的氧而发生，也可因冠状动脉痉挛导致心肌供氧不足而引起。②心肌梗死（myocardial infarction，MI），由冠状动脉供血中断引起供血区持续缺血而导致的较大范围的心肌坏死。临床上有剧烈而较持久的胸骨后疼痛，口服硝酸酯类制剂或休息后症状不能完全缓解，可并发心律失常、休克或心力衰竭。

3）慢性缺血性心脏病：也称缺血性心肌病，是指长期缺血性心肌受损而进行性发展的充血性心力衰竭。冠状动脉呈中到重度的动脉粥样硬化。心脏扩大，心腔扩张，可见多灶性心肌纤维化，常伴透壁性的瘢痕灶。尽管有心肌细胞的肥大，但由于伴随心肌壁的扩张而使得心肌壁厚度可大致正常。心内膜增厚，可见不同阶段的机化血栓黏附内膜表面。镜下观：严重的心肌纤维化，残存的心肌细胞呈肥大或萎缩改变。

慢性缺血性心脏病的临床特点是出现严重的进行性心力衰竭，有时由于偶发性的心绞痛和心肌梗死而加重病情。心律失常较常见，若伴随充血性心力衰竭和间发性心肌梗死，往往易致死。

（3）*颈动脉及脑动脉粥样硬化*　常见于颈内动脉起始部、基底动脉、大脑中动脉。纤维斑块和粥样斑块常导致管腔狭窄，甚至闭塞。由于脑动脉管腔狭窄，脑组织长期供血不足而发生脑萎缩。严重脑萎缩者智力减退，甚至痴呆。斑块处常继发血栓形成导致管腔阻塞，引起脑梗死（脑软化）。

（4）*肾动脉粥样硬化*　常累及肾动脉开口处及主动脉近侧端，也可累及叶间动脉和弓状动脉。因斑块所致管腔狭窄，终致肾组织缺血、肾实质萎缩和间质纤维组织增生。亦可因斑块合并血栓形成而致肾组织梗死，梗死灶机化后遗留较大凹陷瘢痕，多个瘢痕可使肾脏缩小，称为 AS 性固缩肾。

（5）*四肢动脉粥样硬化*　以下肢动脉为重，常发生在髂动脉、股动脉及胫动脉。当较大的动脉管腔狭窄时，可引起下肢供血不足，下肢疼痛而不能行走，但休息后好转，即所谓间歇性跛行。当肢体长期慢性缺血时，可引起萎缩。当动脉管腔完全阻塞，侧支循环又不能代偿时，可导致缺血部位的干性坏疽。

（6）肠系膜动脉粥样硬化　当管腔狭窄甚至阻塞时，患者有剧烈腹痛、腹胀和发热等症状，可导致发生肠梗死、麻痹性肠梗阻及休克等严重后果。

二、高血压

高血压（hypertensive disease）是一种以动脉血压持续升高为主要表现的慢性疾病，常引起心、脑、肾等重要器官的病变并出现相应的后果。成年人收缩压≥ 140mmHg 和（或）舒张压≥ 90mmHg 被定为高血压。高血压可分为原发性高血压（primary hypertension）和继发性高血压（secondary hypertension）。

原发性高血压是一种原因未明的、以体循环动脉压升高为主要表现的独立性全身性疾病，多见于中老年人，随着我国经济的发展，生活节奏加快、精神紧张、心理失衡也是促使高血压患病率升高的原因。

继发性高血压较少见，是指患有某些疾病时出现的血压升高，如慢性肾小球肾炎、肾动脉狭窄、肾盂肾炎所引起的肾性高血压，也称为肾血管性高血压。对盐皮质激素增多症、嗜铬细胞瘤和肾上腺肿瘤引起的内分泌性高血压，这种血压升高往往是疾病发生后患者的体征之一。

（一）病因和发病机制

目前认为高血压是一种遗传因素和环境因素相互作用所致的疾病，同时，神经系统、内分泌系统、体液因素及血流动力学等也发挥着重要的作用，但其机制仍未完全明确。

1. 危险因素

（1）遗传和基因　高血压有明显的家族聚集性，父母一方有高血压或均有高血压，其子女高血压发生率明显升高。

（2）超重肥胖、高盐膳食及饮酒　这三种因素与高血压发病率显著相关。

1）超重肥胖或腹型肥胖：我国成人正常体重指数（BMI）为 19 ～ 24kg/m^2，BMI ≥ 24 为超重，BMI ≥ 28 为肥胖。

2）高盐膳食：日均摄盐量高的人群与日均摄盐低的人群相比，高血压发病率明显升高，摄盐量与血压呈正相关。但并非所有人都对钠敏感。

3）饮酒：中度以上的饮酒是高血压发病因素之一。饮酒致血压升高，可能是与血中的儿茶酚胺类和促皮质激素水平升高有关。

（3）社会心理　精神长期或反复处于紧张状态的人或从事相应职业的人，大脑皮质易发生功能失调，失去对皮层下血管舒缩中枢的调控能力，当血管舒缩中枢产生持久的以收缩为主的兴奋时，可引起全身细动脉、小动脉痉挛而增加外周血管阻力，使血压升高。

（4）体力活动　与高血压呈负相关，缺乏体力活动的人发生高血压的危险高于有体力活动的人。研究还发现，体力活动具有降压的作用，并且可以减少降压药物的剂量，维持降压效果。

（5）神经内分泌因素　一般认为，细动脉的交感神经纤维兴奋性增强是高血压发病的主要神经因素。缩血管神经递质（去甲肾上腺素、神经肽 Y 等）和舒血管神经递质（降钙素基因相关肽、P 物质等）具有升压或降压作用。

2. 发病机制

高血压的发病机制尚不完全清楚。目前多认为高血压是在一定遗传背景下，并与环境因素的共同作用而产生的。

（1）遗传因素　遗传因素是高血压发生的基础之一。高血压为多基因共同作用的产物，这些基因既各自独立，呈显性或隐性遗传，又相互作用。在多种后天因素的作用下，正常血压调节机制失调而导致高血压的发生。

（2）神经、内分泌及代谢因素

肾素－血管紧张素－醛固酮系统（RAAS）

1）交感神经系统：①交感神经递质（NE）兴奋心脏 β 受体，导致心率增快、心肌收缩力增强、心排出量增加、血压升高；② NE 作用于血管，收缩动脉，使血管重构，增加外周阻力；③交感神经作用于肾脏，可通过减少肾脏的血流量，增加肾素的释放；④交感神经作用于肾上腺髓质，增加儿茶酚胺的释放。

2）血管内皮功能紊乱：血管内皮不仅是血液与血管平滑肌之间的生理屏障，也是人体最大的内分泌、旁分泌器官，能分泌数十种血管活性物质，而且还是许多血管活性物质的靶器官。高血压患者存在血管内皮功能紊乱，表现为内皮 NO 水平或活性下调；局部肾素－血管紧张素－醛固酮系统 RAAS 被过度激活；花生四烯酸物质代谢异常。

3）胰岛素抵抗：高胰岛素血症导致高血压的机制。①水钠潴留，肾小管对水和钠的重吸收增强，使血容量增加。②内皮细胞功能障碍，内皮细胞分泌的内皮素与 NO 失衡，加重高血压的进展。③增高交感神经活性，提高 RAAS

的兴奋性。④ Na^+–K^+–ATP 酶和 Ca^{2+}–ATP 酶活性降低，使细胞对生长因子更敏感，促进 SMC 生长及内移、血管壁增厚等。⑤刺激血管 SMC 增殖。

（3）血管重构机制　血管重构（vascular remodeling，VR）是指血管结构任何形式的病变。高血压时，血管内压力增加，使血管壁增厚；持续的高血流状态使血管扩张；血管外周阻力增加，毛细血管面积减少。以上因素均可引起血管重构。

（二）类型和病理变化

原发性高血压可分为良性高血压和恶性高血压两类。

1. 良性高血压（benign hypertension）　良性高血压又称为缓进性高血压，约占高血压的 95%，病程长，进程缓慢，可达十余年或数十年。根据病变的发展分为三期。

（1）功能紊乱期　此期为高血压的早期阶段。全身细小动脉间歇性痉挛收缩，血压升高，无器质性病变，痉挛缓解后血压可恢复正常。

此期临床表现不明显，但有波动性血压升高，可伴有头晕、头痛，经过适当休息和治疗，血压可恢复正常。

（2）动脉病变期　可发生以下病变。

1）细动脉硬化：是高血压的主要病变特征，表现为细动脉、小动脉玻璃样变。细动脉玻璃样变最易累及肾入球动脉、视网膜动脉和脾中心动脉。由于细动脉长期痉挛，加之血管内皮细胞受长期的高血压刺激，使内皮细胞及基底膜受损，内皮细胞间隙扩大，通透性增强，血浆蛋白渗入血管壁中。同时 SMC 分泌大量细胞外基质，SMC 因缺氧而变性、坏死，使血管壁逐渐由血浆蛋白、细胞外基质和坏死 SMC 产生的修复性胶原纤维及蛋白多糖所代替，正常管壁结构消失，逐渐凝固成红染无结构均质的玻璃样物质，引起细动脉壁增厚，管腔缩小甚至闭塞。

2）小动脉硬化：主要累及肌型小动脉，如肾小叶间动脉、弓状动脉及脑的小动脉等。小动脉内膜胶原纤维及弹性纤维增生，内弹力膜分裂。血管中膜 SMC 增生、肥大，不同程度的胶原纤维和弹力纤维增生，血管壁增厚，管腔狭窄。

3）大动脉硬化：弹力肌型或弹力型大动脉无明显病变或并发 AS。此时临床表现为明显的血压升高，失去波动性，需服降压药。

（3）内脏病变期　可发生以下病变。

1）心脏病变：主要为左心室肥大，是对持续性血压升高、心肌工作负荷增加的一种适应性反应。心脏重量增加，可达 400g 以上或更重（正常男性约 260g，女性约 250g）。肉眼观：左心室壁增厚，可达 1.5 ～ 2.0cm（正常≤ 1.0cm）；左心室乳头肌和肉柱明显增粗，心室腔不扩张而相对缩小，称为向心性肥大。镜下观：心肌细胞增粗，变长，有较多分支；心肌细胞核变大，呈圆形或椭圆形，核深染。

心脏发生的上述病变，称为高血压性心脏病（hypertensive heart disease）。患者可有心悸，ECG 显示有左心室肥大和心肌劳损，严重者出现心力衰竭。当患者出现心力衰竭时，则预后不良。

2）肾脏病变：高血压时，由于肾入球动脉的玻璃样变和肌型小动脉的硬化，管壁增厚，管腔狭窄，病变区的肾小球缺血发生纤维化、硬化或玻璃样变，相应的肾小管因缺血而萎缩，间质纤维组织增生，淋巴细胞浸润。病变相对较轻的肾单位的肾小球代偿性肥大，肾小管代偿性扩张。肉眼观：双侧肾脏对称为性缩小，肾表面凹凸不平，呈细颗粒状。切面肾皮质变薄（≤ 0.2cm，正常厚 0.3 ～ 0.6cm），皮髓质界限模糊，肾盂和肾周围脂肪组织增多。上述均为原发性颗粒性固缩肾的病变特点。

3）脑病变：由于脑细小动脉硬化造成局部组织缺血，毛细血管通透性增加，脑可发生以下病变。

1）脑水肿或高血压脑病：由于脑小动脉硬化和痉挛，局部组织缺血，毛细血管通透性增加，发生脑水肿。脑内细动脉痉挛和病变，患者可出现不同程度的高血压脑病症状，如头痛、头晕、眼花、呕吐、视力障碍等症状，有时血压急剧升高，患者可出现剧烈头痛、意识障碍、抽搐等症状，称为高血压危象。

2）脑软化：是细动脉、小动脉病变造成的供血区域脑组织缺血的结果。供血区的脑组织缺血产生多数小坏死灶，即微梗死灶。严重病变时，细小动脉壁可发生纤维素样坏死，并发形成血栓和微动脉瘤。镜下观：梗死灶的组织液化坏死，形成质地疏松的筛网状病灶。

3）脑出血：是高血压严重且致命的并发症。脑出血多为大出血，常发生于基底节、内囊，其次为大脑白质、脑桥和小脑。当出血范围扩大时，可破入侧脑室。出血区的脑组织完全被破坏，形成囊腔状，其内充满坏死的脑组织。

临床上，常因出血部位的不同、出血量多少而临床症状亦不同。内囊出血可引起对侧肢体偏瘫而导致感觉消失。出血破入侧脑室时，患者发生昏迷，甚至死亡。左侧脑出血常引起失语。脑桥出血可引起同侧面神经及对侧上、下肢瘫痪。脑出血可因血肿占位及脑水肿引起颅内高压，并发脑疝形成。

4）视网膜病变：视网膜中央动脉发生细动脉硬化。眼底检查可见血管迂曲，反光增强，动静脉交叉处出现压痕。严重者视盘水肿，视网膜出血，视力减退。

2. 恶性高血压　恶性高血压（malignant hypertension）又称急进型高血压（accelerated hypertension），多见于青少年，血压显著升高，常超过 230/130mmHg，病变进展迅速，可发生高血压脑病，或较早就出现肾衰竭，或常出现视网膜出血及视盘水肿。此型可由良性高血压恶化而来，或有的起病即为急进型。

病理变化特征性的病变是增生性小动脉硬化和坏死性细动脉炎，主要累及肾脏。前者主要表现为动脉内膜显著增厚，伴有 SMC 增生，胶原纤维增多，致血管壁呈层状洋葱皮样增厚，管腔狭窄。上述小动脉病变主要累及肾、脑和视网膜。肾入球小动脉最常受累，病变可累及肾小球，使肾小球毛细血管袢发生节段性坏死。上述病变也可引起局部脑组织缺血、微梗死和脑出血。

三、风湿病

风湿病（rheumatism）是一种与 A 组 β 型溶血性链球菌感染有关的变态反应性疾病。病变主要累及全身结缔组织及血管，常形成特征性风湿肉芽肿，即阿绍夫（Aschoff）小体。病变最先累及心脏、关节和血管等处，以心脏病变最为严重。风湿病的急性期有发热、心脏和关节损害、皮肤环形红斑、皮下小结、舞蹈病等症状和体征。血液检查：抗链球菌溶血素抗体 O 滴度升高，血沉加快，白细胞增多。心电图（ECG）显示，P–R 间期延长等表现，也称为风湿热，为风湿活动期。风湿热病变可呈急性或慢性反复发作，急性期过后，常造成轻重程度不等的心脏病变，可引起心脏瓣膜病变，形成风湿性心瓣膜病。

风湿病好发于冬春阴雨季节，潮湿和寒冷是重要诱因，好发年龄为 5 ～ 15 岁，以 6 ～ 9 岁为发病高峰，男女患病率无差别。出现心瓣膜变形常在 20 ～ 40 岁。风湿病与类风湿关节炎、硬皮病、皮肌炎、结节性多动脉炎及系统性红斑狼疮等同属于结缔组织病（connective tissue disease），也称为胶原病（collagen disease）。

（一）病因和发病机制

1.A 组溶血性链球菌感染 风湿病发病与 A 组溶血性链球菌感染有关。A 组链球菌中的 M 蛋白质抗原与人心瓣膜和脑等组织存在交叉抗原性，可引起交叉免疫反应，所以 M 蛋白被认为是“致风湿源性”的标记物。

2. 自身免疫反应机制 20 世纪 90 年代，有学者提出了风湿热的发病与自身免疫有关的理论。A 组溶血性链球菌的某些成分，其分子结构可能和人体组织的分子结构相同或类似，因而产生交叉反应。

3. 遗传易感性 风湿病患者亲属患病的风险要比无风湿热的家庭高。近年来发现，T 细胞表面标记物 CD_3^+ 在风湿病患者中的表达明显高于正常人群。

4. 链球菌毒素学说 链球菌可产生多种细胞外毒素和一些酶，可以直接造成人体内器官或组织的损伤。

（二）基本病理变化

风湿病主要病变发生于结缔组织的胶原纤维，全身各器官均可受累，但以心脏、血管和浆膜等处的病变最为明显。风湿病的特征性病理变化为风湿小体或 Aschoff 小体，对诊断风湿病有意义。该病的发展过程较长，可分为三期。

1. 变质渗出期 是风湿病的早期改变。在心脏浆膜、关节、皮肤等部位表现为结缔组织基质的黏液样变性和纤维素样坏死。同时在浆液纤维素渗出过程中，有少量淋巴细胞、浆细胞、单核细胞浸润。此期病变可持续 1 个月。

2. 增生期或肉芽肿期 此期病变特点是在变质渗出的基础之上，在心肌间质、心内膜下和皮下结缔组织中，可见具有特征性的肉芽肿性病变，称为风湿小体或 Aschoff 小体。风湿小体由聚集在纤维素样坏死灶内的成群风湿细胞及少量的淋巴细胞、浆细胞构成。风湿细胞由增生的巨噬细胞吞噬纤维素样坏死物质后转变而来。风湿细胞也称为 Aschoff 细胞，在心肌间质内，Aschoff 细胞多位于小血管旁，细胞体积大，圆形，胞质丰富，略嗜碱性。此期病变可持续 2 ～ 3 个月。

3. 纤维化期或硬化期 Aschoff 小体中的坏死组织逐渐被吸收，Aschoff 细胞转变为成纤维细胞，使风湿小体逐渐纤维化，最后形成梭形小瘢痕。此期病变可持续 2 ～ 3 个月。由于风湿病的病变具有反复发作的性质，在受累的器官或组织中常可见到新旧病变并存的现象。病变持续反复进展，纤维化的瘢痕可不断形成，破坏组织结构，影响器官或组织的功能。

（三）风湿病的各器官病变

1. 风湿性心脏病　风湿病引起的心脏病变可以表现为风湿性心内膜炎、风湿性心肌炎和风湿性心外膜炎。若病变累及心脏全层组织，则称为风湿性全心炎（rheumatic pancarditis）或风湿性心肌炎（rheumatic carditis）。在儿童风湿病患者中，60%～80%的患儿有心肌炎的临床表现。

（1）风湿性心内膜炎（rheumatic endocarditis）　病变主要侵犯心瓣膜，其中二尖瓣最常受累，其次为二尖瓣和主动脉瓣。主动脉瓣、三尖瓣和肺动脉瓣极少受累。

（2）风湿性心肌炎（rheumaticmyocarditis）　病变主要累及心肌间质结缔组织，常表现为灶状间质性心肌炎、间质水肿，在间质血管附近可见Aschoff小体和少量的淋巴细胞浸润。病变反复发作，Aschoff小体机化形成小瘢痕。病变常位于左心室、室间隔、左心房及左心耳等处。

儿童患风湿性心肌炎有发生急性充血性心力衰竭的风险，因累及传导系统时，可出现传导阻滞。

（3）风湿性心外膜炎（rheumatic pericarditis）　病变主要累及心外膜脏层，呈浆液性或纤维素性炎症。当大量浆液渗出时，形成心包积液。当渗出液以纤维素为主时，覆盖于心外膜表面的纤维素可因心脏的不停搏动和牵拉而形成绒毛状，称为绒毛心。渗出的大量纤维素如不能被溶解吸收，则发生机化，使心外膜脏层和壁层互相粘连，形成缩窄性心外膜炎。

2. 风湿性关节炎　约75%的风湿病患者在疾病早期出现风湿性关节炎（rheumatic arthritis），常侵犯膝、踝、肩、腕、肘等大关节，呈游走性、反复发作性。关节局部出现红、肿、热、痛和功能障碍。关节腔内有浆液及纤维蛋白渗出，病变滑膜充血肿胀，邻近软组织内可见不典型Aschoff小体。急性期后，渗出物易被完全吸收，一般不留后遗症。

3. 皮肤病变　急性风湿病时，皮肤出现环形红斑和皮下结节，具有诊断意义。

（1）环形红斑　为渗出性病变，多见于躯干和四肢皮肤，为淡红色环状红晕，中央皮肤色泽正常，镜下观：红斑处真皮浅层血管充血，血管周围水肿，淋巴细胞和单核细胞浸润。

（2）皮下结节　为增生性病变，多见于肘、腕、膝、踝关节附近的伸侧面皮下结缔组织，直径 0.5 ～ 2cm，呈圆形或椭圆形，质硬无压痛。镜下观：结节中心为大片状纤维素样坏死物，周围为呈放射状排列的 Aschoff 细胞和成纤维细胞，伴有以淋巴细胞为主的炎细胞浸润。

4. 风湿性动脉炎　发生风湿性动脉炎时，大小动脉均可受累，以中小动脉受累较为常见，包括冠状动脉、肾动脉、肠系膜动脉、脑动脉及肺动脉等。急性期，血管壁发生纤维素样坏死，伴淋巴细胞浸润，并伴 Aschoff 小体形成。病变后期，血管壁纤维化增厚，管腔狭窄，可并发血栓形成。

5. 风湿性脑病　风湿性脑病多见于 5 ～ 12 岁儿童，女孩较多，主要病变为脑的风湿性动脉炎和皮质下脑炎。后者主要累及大脑皮质基底节、丘脑及小脑皮层。当锥体外系受累时，患儿出现肢体的不自主运动，称为小舞蹈病。镜下观：神经细胞变性，胶质细胞增生及胶质结节形成。

四、心瓣膜病

心瓣膜病（valvular vitium of the heart）或心脏瓣膜病（valvular heart disease），是指心瓣膜受各种原因损伤后或先天性发育异常所造成的器质性病变，表现为瓣膜口狭窄和（或）关闭不全，最后导致心功能不全，引起全身血液循环障碍，是常见的慢性心脏病。

瓣膜口狭窄（valvular stenosis）是相邻瓣膜互相粘连、瓣膜增厚，其弹性减弱或丧失，瓣膜环硬化和缩窄。瓣膜开放时不能完全张开，导致血流通过障碍。瓣膜关闭不全（valvular insufficiency）是由于瓣膜增厚、变硬、卷曲、缩短或瓣膜的破裂和穿孔，亦可因腱索增粗、缩短和粘连，使心瓣膜关闭时瓣膜口不能完全闭合，使部分血液发生反流。瓣膜狭窄和关闭不全可单独存在，亦可合并存在。

心瓣膜病主要为二尖瓣受累，约占 70%，二尖瓣合并主动脉瓣病变者为 20% ～ 30%，单纯主动脉瓣病变者为 2% ～ 5%，三尖瓣和肺动脉瓣病变者少见。心瓣膜病可引起血流动力学的变化，失代偿时出现心功能不全，并发全身血液循环障碍。

（一）二尖瓣狭窄

二尖瓣狭窄（mitral stenosis，MS）主要的病因是上呼吸道反复感染链球菌致风湿性心内膜炎反复发作。二尖瓣狭窄可引起以下表现。

1. 血流动力学及心脏变化　早期由于二尖瓣口狭窄，心脏舒张期从左心房流入左心室的血流受阻，左心房代偿性扩张肥大，使血液在加压情况下快速通过狭窄口，并引起旋涡与震动，产生心尖区舒张期隆隆样杂音。后期左心房代偿失调，左心房内血液淤积，肺静脉回流受阻，引起肺淤血、肺水肿或漏出性出血。二尖瓣狭窄患者临床常出现呼吸困难、发绀、咳嗽和咳出带血的泡沫状痰等左心衰竭症状。当肺静脉压升高（＞25mmHg）时，通过神经反射引起肺内小动脉收缩或痉挛，使肺动脉压升高。长期肺动脉高压，可导致右心室代偿性肥大，继而失代偿，右心室扩张，三尖瓣因相对关闭不全，最终引起右心房淤血及体循环静脉淤血。

2. 其他表现　包括颈静脉怒张、肝淤血肿大、下肢水肿及浆膜腔积液等心力衰竭症状。听诊心尖区可闻及舒张期隆隆样杂音。X 线检查显示，左心房增大，晚期左心室缩小，呈梨形心。

（二）二尖瓣关闭不全

二尖瓣关闭不全多为风湿性心内膜炎的后果，也可由亚急性细菌性心内膜炎等引起。另外，二尖瓣脱垂、瓣环钙化、先天性病变，以及腱索异常、乳头肌功能障碍等亦可导致此病的发生。二尖瓣关闭不全可引起以下表现。

1. 血流动力学及心脏变化　二尖瓣关闭不全，在左心收缩期，左心室部分血液通过关闭不全的瓣膜口反流左心房内，并在局部引起旋涡与震动，心尖区产生全收缩期吹风样杂音。左心房既接收肺静脉的血液，又接收左心室反流的血液，致使左心房血容量较正常增多，久而出现左心房代偿性肥大，继而左心房、左心室容积性负荷增加，使左心室代偿性肥大。当左心失代偿后，依次引起肺淤血、肺动脉高压、右心室和右心房代偿性肥大进而右心衰竭和体循环淤血。

2. 其他表现　X 线检查显示，左心室肥大，呈球形心。二尖瓣狭窄和关闭不全常合并发生。

第二节　心血管系统疾病之课程思政

思政故事

时代楷模：王逸平

王逸平（1963—2018年），曾任中国科学院上海药物研究所研究员、博士生导师、药理室心血管药理实验室研究组长，兼任中国药理学会理事、《中国药理学报》编委。他成功研制了丹参多酚酸盐。该药物在全国5000多家医院被应用，造福2000多万患者。而他自己，是一个与病魔抗争了25年的患者，他并未因患病而停下研究工作。2018年4月，王逸平因病在办公室离世，年仅55岁。同年11月，中央宣传部向全社会公开发布王逸平的先进事迹，追授他"时代楷模"的称号。

【思政主题】

以身许家国，毕生新药梦。

【知识点融合】

冠状动脉粥样硬化性心脏病是冠状动脉血管发生动脉粥样硬化病变而引起血管腔狭窄或阻塞，造成心肌缺血、缺氧或坏死而导致的心脏病，被称为冠心病（CHD）。但是冠心病的范围可能更广泛，还包括炎症、栓塞等导致管腔狭窄或闭塞。冠心病，中医学称之为"胸痹"，由于本病表现为本虚标实，有着复杂的临床表现和病理变化。而中医药治疗从整体出发，具有综合作用的优势，因而受到广泛的关注。所谓"胸痹"，即由于正气不足、痰浊、瘀血、气滞寒凝而引起心脉痹阻不畅，临床以左胸部发作性憋闷、疼痛为主要临床表现。胸痹病位在心，病机本虚标实，其急性发作期以标实为主，缓解期以本虚为主，治疗应辨证施治。丹参是很好的活血化瘀、养心安神类中成药，基于丹参开发出来用于治疗冠心病的有效制剂有很多，如复方丹参滴丸或复方丹参片，已经广泛应用于临床上治疗冠心病患者的心肌缺血，而且疗效尚好。

【分析与启发】

1. 胸怀大爱，造福患者　王逸平研发的丹参多酚酸盐粉针剂，获得了国家技术发明奖二等奖，并获得了一系列国家专利。2009年，丹参多酚酸盐粉针剂被列入国家医保药品目录，用于治疗冠心病、心绞痛，使千千万万患者受益。

2. 坚守信念，精益求精　王逸平曾说：“世界上没有药神，只有把创制新药造福苍生看得比自己生命更重要的做药人。”新药研发过程非常艰难，最终能推向临床的有效药物少之又少，这要求研究者们坚守信念，精益求精。所以，王逸平一切工作都以“做新药、做安全有效的好药”为准则，不断创新，刻苦钻研，为中药现代化研究作出贡献。

3. 不忘初心，甘于奉献　王逸平淡泊功名，潜心研究，专注新药研发。他先后获得诸多荣誉，并将获得的奖金全部捐出。当他得知每天有近十万患者在使用丹参多酚酸盐用于治疗冠心病、心绞痛，他的脸上才有了一丝笑容。后来，他被查出患有克罗恩病，虽然常年忍受着病痛，但依旧全身心地投入科学研究中，很少陪伴家人。多年来，不忘初心、甘于奉献、温暖乐观、艰苦奋斗是他留给周围人的印象，而现在，他的精神也感染着我们，为我们树立了榜样。

思政故事

当代心脏病学之父：陈灏珠

陈灏珠，中国工程院院士，心血管病专家，上海市心血管病研究所名誉所长，复旦大学附属中山医院内科教授、博士生导师。他是我国第一位提出“心肌梗死”医学术语的医生，是当代心脏病学主要奠基人之一。

【思政主题】

专“心”致志，一辈子研究一颗“心”。

【知识点融合】

心力衰竭、高血压、冠心病和心律失常是危害人类健康的主要心脏病。心脏病学的发展与心血管的解剖和功能研究并进，与社会发展水平和科学技术发展水平密切相关，我国在心脏病学研究领域已经取得了重大进步，但是在心脏病学重大理论突破和关键技术发明等方面与一些国家相比还有较大差距，在心脏病学治疗方面，依然任重而道远。

【分析与启发】

1. 胆大心细，开拓创新　陈灏珠在学习生涯中既接受了先进的西方教育，又受到我国传统文化的熏陶。1948 年，陈灏珠以优异的成绩从医学院校毕业，同年被推荐到医院实习。陈灏珠师从陶寿淇教授，在陶教授的指导下，他完成了多项高难度心脏手术。

1973 年 4 月 23 日，陈灏珠为患者施行国内首例选择性冠状动脉造影，该手术取得了圆满成功。而这成功的背后，是陈灏珠不懈的努力，他为这个技术准备了很多年，无数次的失败才有了最终的成功。

1976 年，作为常用的心律失常治疗药物——奎尼丁，一直在临床上被大量使用。然而临床上患者服用后常会出现昏厥等不良反应。陈灏珠经过潜心研究，掌握了用药规律并用有效的方法缓解了不良反应，如采用异丙肾上腺素静脉滴注来缓解晕厥，并随着患者病情的变化及时做出调整，最后采用超大剂量异丙肾上腺素静脉滴注，减量维持 6 天，患者的室性心律失常得到控制。

2. 勉励后学，倾囊相授　陈灏珠身为老师后，为国育才，他向学生们传递积极乐观的人生观。自 1977 年开始，陈灏珠受原卫生部有关部门的委托，主办心内科进修班，培养学员数量过千人。他每次亲自授课，培养出了很多我国心脏病学科人才，如舒先红、葛均波、王春生、赵强等，这些医学人才已成为该领域的中流砥柱。

3. 大爱无私，济困扶危　在陈灏珠几十年的医学生涯中，他曾多次下基层，从事基层医疗服务。他退休后，依然牵挂贫困地区的医学人才培养和医疗建设，促成了陈灏珠院士医学发展专项基金的诞生。“心 · 肝宝贝”是陈灏珠院士医学发展专项基金支持的医疗精准扶贫项目，援助了多名先天性心脏病患儿和肝病患者，使他们重获新生。他帮助他人不求回报，让人敬佩。

思政故事

德医双馨：陈纪言

陈纪言，从事心血管病研究已有二十多年，在各种心血管常见病、多发病的治疗方面具有精湛的技术，并对与心血管病相关的各种急、危、重症的治疗有较高造诣，尤其对冠心病内科诊断和治疗，以及对风心瓣膜病、肥厚型心肌病的诊断和治疗都有独到的见解，并将其实践于临床之中，获得良好的效果。

【思政主题】

桃李不言自成蹊，大爱仁心尽芬芳。

【知识点融合】

冠状动脉硬化粥样硬化主要包括药物治疗、手术治疗两种方式。冠状动脉粥样硬化常用的是药物治疗方法，患者可以在医生的帮助下服用抗心肌缺血的药物，如阿司匹林肠溶片、硫酸氢氯吡格雷片等，可以有效抑制血小板聚集，防止血栓形成。当药物治疗效果不明显或病情比较严重时，可以在医生的建议下进行手术治疗，通过皮下支架植入术、球囊扩张术等方式进行治疗，可以改善心肌供血的情况。经皮冠状动脉介入治疗（percutaneous coronary intervention，PCI）是指一种经心导管技术疏通狭窄甚至闭塞的冠状动脉管腔，从而改善心肌的血流灌注的治疗方法。对于慢性稳定型冠心病有较大范围心肌缺血证据的患者，介入治疗是缓解症状的有效方法。

【分析与启发】

1. 运斤成风，尽忠职守　在广东省人民医院的英东楼一楼，陈纪言总是穿着厚重的手术衣站在手术台前，他手中的手术刀，是战胜病魔的“武器”。陈纪言依靠自己的智慧和坚持不懈，在冠脉慢性闭塞病变治疗领域有了诸多成就。2015 年，他为一名具有极低左心室射血分数且需体外膜肺氧合治疗（ECMO）支持的患者进行慢性闭室冠脉介入术治疗，属我国首例。面对各种复杂的病情，他一直坚守治疗一线，没有黑天和白夜，陪伴他的只有手术台上那盏无影灯。虽然长期暴露于有射线的环境中，可他从未停止救死扶伤。

2. 鸿儒硕学，吐故纳新　2015 年，陈纪言带领他的团队成员们，围绕动脉粥样硬化疾病及相关高危因素的优化防治开展了系列研究。他在支援的崇左市人民医院推动建立覆盖 200 万人口的急性心梗救治网络，将“广东模式”的急性心肌梗死救治模式推广到全国各地。德医双馨的他在业界受到认可和尊重，被授予了很多荣誉称号，即使功成名就也没有让他停止追赶医学的脚步。他还成立了高血压研究室，吸引了众多人才，继续探索治疗心脑血管疾病的方法。

3. 披星戴月，心系天下　陈纪言从医 30 余年，诊疗经验丰富，他还曾前往新疆、西藏等地，为那里的患者做手术，并悉心指导心内科援疆、援藏医疗工作。2014 年，当他了解由于喀什经济相对落后，近半数冠心病患者都无法承担手术费而放弃手术治疗。为此，他推动成立了“粤疆连心”救心项目，通过国内相关机构捐赠了手术器材，大幅降低了患者的医疗负担。他与他的团队成员进行的一系列举措，都为相关地区的患者带来了福音。

第十一章　呼吸系统疾病

第一节　呼吸系统疾病的相关知识

呼吸系统疾病种类繁多，本节主要介绍肺炎和慢性支气管炎。肺炎通常是指肺的急性渗出性炎症，是呼吸系统的常见病和多发病。常见的肺炎分类方法以下三种。

1. 根据病变累及的部位和范围　发生于肺泡者称为肺泡性肺炎，发生于间质者称为间质性肺炎。肺泡性肺炎根据病变范围，可分为大叶性肺炎、小叶性肺炎和节段性肺炎。

2. 根据病变性质　分为浆液性、纤维素性、化脓性和出血性肺炎等。

3. 根据病因　分为感染性肺炎、理化性肺炎及超敏反应性肺炎等。

一、大叶性肺炎

大叶性肺炎主要是由肺炎链球菌引起的以肺泡内弥漫性纤维素渗出为主的急性炎症。病变起始于局部肺泡，并迅速蔓延至一个肺段甚至整个大叶，故此得名。

本病临床起病急、发展快，常以寒战、高热、胸痛、咳嗽、咳铁锈色痰和呼吸困难等为主要临床症状，常伴有肺实变体征及外周血白细胞计数升高等，病程一般为 5 ～ 10 天。

（一）病因和发病机制

多种细菌可引起大叶性肺炎，但 90% 以上由肺炎链球菌引起。肺炎链球菌为口腔及鼻咽部的正常寄生菌群，若呼吸道的自净功能或机体的抵抗力正常，则不易引发肺炎。当机体感冒、醉酒、过度疲劳、患糖尿病或免疫功能低下时，呼吸道防御功能减弱，机体抵抗力下降，易致细菌侵入肺泡而发病。

进入肺泡的细菌释放内毒素，通过Ⅰ型变态反应使肺泡壁毛细血管通透性增加，浆液及纤维素大量渗出，细菌在富含蛋白的渗出物中迅速繁殖，并沿肺泡间孔或呼吸性细支气管向邻近肺组织蔓延，迅速波及一个肺段甚至整个肺大叶。

（二）病理变化及临床病理联系

大叶性肺炎的主要病理变化是肺泡内纤维素性炎，好发于左肺下叶或右肺下叶。典型的自然发展过程大致可分为四期，即充血水肿期、红色肝样变期、灰色肝样变期、溶解消散期。

1. 充血水肿期　一般为发病第 1 ～ 2 天。

（1）肉眼观　病变肺叶肿胀，充血，呈暗红色，切面湿润，挤压可见淡红色浆液溢出。

（2）光镜观　肺泡壁毛细血管扩张充血，肺泡腔内可见浆液性渗出物。

（3）临床表现　因毒血症而出现寒战、高热等症状，以及外周血白细胞计数升高；还可伴有咳嗽、咳痰等呼吸道症状。听诊可闻及捻发音或湿性啰音。X 线检查显示肺纹理增粗或和片状分布的云雾状阴影。

2. 红色肝样变期　一般为发病第 3 ～ 4 天。

（1）肉眼观　病变肺叶肿大，呈暗红色，质地变实似肝，切面灰红。

（2）光镜观　肺泡壁毛细血管扩张，肺泡腔内充满大量连接呈网状的纤维素和红细胞，以及一定数量的中性白细胞和少量巨噬细胞。

（3）临床表现　呼吸困难、发绀，痰液呈铁锈色，叩诊浊音，听诊可闻及支气管呼吸音，X 线检查可见以一肺段或肺叶大片均匀致密的阴影。

3. 灰色肝样变期　一般为发病第 5 ～ 6 天。

（1）肉眼观　肺叶肿大，呈灰白色，切面干燥呈颗粒状，质实如肝。

（2）光镜观　肺组织呈贫血状态，肺泡腔内充满致密的纤维素及大量中性粒细胞，纤维素通过肺泡孔连接更明显，红细胞溶解消失，渗出物中不易检出肺炎双球菌。

（3）临床表现　叩诊、听诊同红色肝样变期；咳黏液脓性痰、无铁锈色痰；缺氧、发绀减轻。

4. 溶解消散期　发病后 1 周左右进入此期。

（1）肉眼观　实变的肺组织质地变软，病灶消失，渐近黄脓色，挤压切面可见少量脓样混浊的液体溢出。

（2）光镜观　病灶肺组织逐渐净化，肺泡重新充气，由于炎症未破坏肺泡壁结构，无组织坏死，故最终肺组织可完全恢复正常的结构和功能。

（3）临床表现　在渗出物溶解的过程中，可产生大量黏液脓性痰，病变区可闻及湿性啰音。患者体温恢复正常，临床症状和体征逐渐减轻、消失。X 线检查显示病变区阴影呈不规则片状、密度降低，透光度增加，并逐渐恢复正常。

（三）结局及并发症

绝大多数患者经及时治疗均可痊愈。如延误诊断或治疗不及时，病原菌毒力强或机体反应性过高等，则可发生并发症：①肺肉质变；②胸膜增厚和粘连；③肺脓肿及脓气胸；④败血症或脓毒败血症；⑤感染性休克（中毒性休克）。

肺肉质变，亦称机化性肺炎，由于肺内病灶内中性粒细胞渗出过少或功能缺陷，释放的蛋白水解酶不足以使肺泡腔内纤维素完全溶解吸收，残留的纤维素可被肉芽组织机化，使病变肺组织呈褐色肉样外观，故称为肺肉质变。

二、小叶性肺炎

小叶性肺炎是以细支气管为中心、以肺小叶为单位的肺组织急性化脓性炎症，又称支气管肺炎。小叶性肺炎多见于婴幼儿、年老体弱或久病卧床者，临床上主要表现为发热、咳嗽、咳痰等症状，肺部听诊可闻及散在湿性啰音。

（一）病因和发病机制

小叶性肺炎常由多种致病力较弱的细菌混合感染所致。它们通常是口腔或上呼吸道内的常驻寄生菌，如肺炎链球菌、葡萄球菌、绿脓杆菌、大肠杆菌、流感嗜血杆菌等。

当某些诱因如患急性传染病（麻疹、流感等）、营养不良、受寒等使机体抵抗力下降时，呼吸系统防御功能受损，黏液分泌增多，这些细菌可侵入细支气管及末梢肺组织并生长繁殖，引起小叶性肺炎。

（二）病理变化及临床病理联系

小叶性肺炎的主要病变特征是以细支气管为中心的肺组织急性化脓性炎症。

（1）肉眼观　两肺表面和切面可见散在分布的灰黄色或暗红色实性病灶，以下叶和背侧多见且较为严重，有时也可仅累及一侧肺或仅局限于一个肺叶内。病灶大小不一，多数直径为 0.5 ～ 1.0cm，形状不规则，病灶中央常可见细支气管断面，挤压时有脓性液体溢出。严重病例的病灶可互相融合，波及一个肺段甚至大叶的大部分，称为融合性小叶性肺炎，病变一般不累及胸膜。

（2）光镜观　早期，病变细支气管黏膜充血、水肿，表面可见黏液性渗出物，周围肺组织无明显改变或肺泡壁轻度充血。随着病情进展，病灶中支气管、细支气管管腔及周围肺泡腔内出现较多中性粒细胞、少量红细胞及脱落的肺泡上皮细胞。严重时，细支气管和肺组织结构被破坏，呈完全化脓性炎症改变。病灶周围肺组织轻度充血，少量浆液渗出，部分肺泡表现为不同程度的代偿性气肿。

（3）临床表现　小叶性肺炎的临床表现因病因、肺组织损伤程度和范围的不同而不同。由于小叶性肺炎多为其他疾病的并发症，其临床症状常被原发疾病所掩盖，但发热、咳嗽、咳痰仍是常见的症状，支气管黏膜受炎症刺激黏液分泌增多，痰液常为黏液脓性或脓性。听诊可闻及散在湿性啰音。因病灶通常较小且散在分布，故除融合性小叶性肺炎外，一般无实变体征。X 线检查可见散在不规则小灶状或斑点状阴影，直径多为 0.5 ～ 1cm。

（三）结局及并发症

肺炎的病程一般较长，其结局取决于原发病的治疗和预后。大多患者经及时有效的治疗，病灶可经吸收后消散，疾病痊愈。婴幼儿、老人，尤其并发其他严重疾病者，预后较差，常易发生以下并发症：①心功能不全；②呼吸功能不全；③肺脓肿和脓气胸；④支气管扩张症；⑤脓毒败血症。

三、病毒性肺炎

病毒性肺炎常由上呼吸道病毒感染向下蔓延所致，在非细菌性肺炎中最为常见。常通过飞沫经呼吸道传染，传播速度快。病毒性肺炎多发于冬春季节，一般为散发，偶可暴发流行。

（一）病因

引起该型肺炎的病毒种类很多，其中常见的是流感病毒，其次为呼吸道合胞病毒、副流感病毒、麻疹病毒等。除流感病毒、副流感病毒外，其余病毒所致的肺炎多见于儿童。

此类肺炎发病可由一种病毒或多种病毒混合感染所致，也可继发于细菌感染。

（二）病理变化及临床病理联系

病毒性肺炎病变形态常多样化。

1. 肉眼观 病变常不明显，肺组织因间质充血水肿而轻度肿大。

2. 光镜观 自支气管、细支气管开始出现炎症，并沿着肺间质纵深发展。支气管、细支气管壁及肺泡间隔等肺间质充血、水肿，淋巴细胞和巨噬细胞浸润，致使肺泡间隔明显增宽；肺泡腔内无渗出物或仅有少量浆液性渗出。由流感病毒、麻疹病毒和腺病毒引起的严重病例，病变肺泡腔内浆液纤维素性渗出明显，常在肺泡腔内壁形成一层透明膜，甚至出现肺组织坏死。细支气管上皮和肺泡上皮可增生、肥大，并形成多核巨细胞，如麻疹性肺炎时，常出现较多的多核巨细胞，又称巨细胞肺炎。在增生的上皮细胞和多核巨细胞内可见病毒包涵体，是病毒性肺炎病理诊断的重要依据。

3. 临床表现 病毒性肺炎的症状轻重不等，差别较大。常因病毒血症而出现发热、头痛、全身酸痛、倦怠等症状；炎症刺激可出现剧烈咳嗽，但无痰或痰量较少；肺泡间隔炎性病变致气体弥散障碍，患者可出现发绀、呼吸困难等缺氧症状。X 线检查肺部可见肺纹理增粗及斑点状、片状或均匀的浸润性阴影。

（三）结局及并发症

严重患者预后较差，可并发心功能不全及肺性脑病。

四、支原体肺炎

支原体肺炎是由肺炎支原体引起的间质性肺炎，又称原发性非典型性肺炎，发病率占非细菌性肺炎的1/3以上，一年四季均可发病，多发于秋、冬两季，常为散发，每3～6年出现一次流行，持续2～3个冬季，以5～15岁的青少年发病率最高。

（一）病理变化及临床病理联系

支原体肺炎病变可侵犯整个呼吸道黏膜和肺，引起气管炎、支气管炎及肺炎。病变常累及单侧一叶肺组织，下叶多见，偶尔波及双肺。病变多呈节段性分布。

1. 肉眼观　病变肺组织无明显实变，因充血而呈暗红色，切面挤压可有少量红色泡沫液体溢出，支气管和细支气管腔内有黏液性渗出物，胸膜多无受累。

2. 光镜观　主要呈非特异性间质性肺炎改变。病变区的小、细支气管壁及肺泡间隔水肿、血管扩张充血，致使肺泡间隔明显增宽，并有大量淋巴细胞、巨噬细胞浸润，可见少量浆细胞，如伴细菌感染时可有中性粒细胞浸润。肺泡腔内无渗出物或仅有少量浆液、巨噬细胞、红细胞渗出。严重病例支气管黏膜上皮和肺组织可发生明显坏死、出血，肺泡表面可有透明膜形成。

3. 临床表现　起病较急，多有发热、头痛、咽喉痛及全身不适等毒血症的症状，以及伴有咳嗽等呼吸道症状，咳痰常不显著或咳少量黏痰。发热可持续2～3周，偶有胸骨后疼痛。肺炎支原体感染后可因Ⅰ型变态反应诱发哮喘。肺部检查与肺部病变程度常不相称，可无明显体征，部分患者肺部听诊可闻及干、湿性啰音。

X线检查显示肺纹理增粗及网状或斑片状浸润性阴影，从肺门向外伸展，呈节段性分布，持续3～4周。外周血白细胞计数轻度升高，淋巴细胞和单核细胞比例增多，若合并细菌感染，则以中性粒细胞为主。

本病不易与病毒性肺炎相鉴别，可通过对患者痰液、鼻分泌物做拭子培养，如检出肺炎支原体即可确诊。

（二）结局及并发症

本病多为自限性病程，一般预后良好，多数病例不经治疗可自愈，早期使用抗生素可减轻症状及缩短病程。

五、慢性支气管炎

慢性支气管炎是指发生在气管、支气管黏膜及其周围组织的慢性非特异性炎症，是一种常见病、多发病，中老年人群中发病率高达15%～20%，主要临床特征为反复发作的咳嗽、咳痰或伴有喘息症状，且每年持续发病3个月、连续2年以上。本病常在冬春两季加重，夏季缓解。

随着病程的发展，常引起肺实质和小气道受损，当出现以持续气流受限为特征的改变时，称为慢性阻塞性肺疾病（COPD），简称慢阻肺。

1. 病因　慢性支气管炎是体内、体外多种因素长期综合作用的结果。呼吸道感染、大气污染、气候变化、过敏因素等为常见的外源性因素；机体抵抗力下降，尤其是呼吸道局部防御功能受损是本病发生的重要内在因素。

2. 病理变化及临床病理联系　病变常起始于较大的支气管，随着病程的进展，病变可沿支气管向纵深发展，引起小支气管与细支气管炎，如受累支气管越小，病情越严重。支气管主要病变包括：①黏膜上皮损伤与修复；②黏膜下腺体增生、肥大及黏液腺化生；③支气管壁的其他组织发生慢性炎性损伤。

病变早期，临床可出现咳嗽、咳痰或伴有喘息症状。痰一般为白色黏液或浆液泡沫状，较黏稠，不易咳出。急性发作伴细菌感染时，出现黏液脓性或脓性痰，痰量增加，咳嗽加剧。听诊时可闻及干、湿性啰音及哮鸣音。

病变晚期，痰量逐渐减少甚至无痰，并伴随干咳。病变导致小气道狭窄及阻塞时，可引起阻塞性通气障碍，出现呼气性呼吸困难；病变严重且广泛者，可引起换气功能障碍，导致呼吸功能不全。

3. 结局及并发症　患者如能积极做好病因学预防，同时又能及时有效治疗细菌感染，增强机体抵抗力，慢性支气管炎可逐渐痊愈。若致病因素继续存在，防治又不及时和彻底，病变可加重并导致并发症：①慢性阻塞性肺气肿；

②慢性肺源性心脏病；③支气管扩张症。

第二节　呼吸系统疾病之课程思政

思政故事

烟雾事件，万余人死于呼吸系统疾病

1952年12月4～9日，伦敦上空受高压影响，大量工厂生产和居民燃煤取暖排出的废气难以扩散，积聚在城市上空。伦敦被黑暗的迷雾所笼罩，马路上几乎没有车，人们小心翼翼地沿着人行道摸索前进。大街上的电灯在烟雾中若隐若现，犹如黑暗中的点点星光。直至12月10日，强劲的西风才吹散了笼罩在伦敦上空的恐怖烟雾。

发生于1952年伦敦烟雾事件的直接原因是燃煤产生的二氧化硫和粉尘污染，间接原因是开始于12月4日的逆温层所造成的大气污染物蓄积。燃煤产生的粉尘表面会大量吸附水，成为形成烟雾的凝聚核，这样便形成了浓雾。另外，燃煤粉尘中含有三氧化二铁成分，可以催化另一种来自燃煤的污染物二氧化硫氧化生成三氧化硫，进而与吸附在粉尘表面的水化合生成硫酸雾滴。这些硫酸雾滴吸入呼吸系统后会产生强烈的刺激作用，使体弱者发病甚至死亡。

当时，伦敦空气中的污染物浓度持续上升，许多人出现胸闷、窒息等不适感，发病率和死亡率急剧增加。此次事件被称为“伦敦烟雾事件”，成为20世纪十大环境公害事件之一。

【思政主题】

环境与人类共存，开发与保护同步。

【知识点融合】

大气污染是由于人类活动或自然过程引起某些物质进入大气中，呈现出足够的浓度，达到足够的时间，并因此危害了人体的舒适、健康和福利或环境的现象。大气污染物浓度升高到一定程度时，会直接或间接地对人、生物或材料等造成急性危害和慢性危害。大气污染物主要分为有害气体（二氧化碳、氮氧化物、碳氢化物、光化学烟雾和卤族元素等）及颗粒物（粉尘和酸雾、气溶胶等）。它们的主要来源是工厂排放、汽车尾气、农垦烧荒、森林失火、炊烟、

尘土等。大气发生污染时，其中含有多种有毒有害的气体，可能是具有刺激性的气体，可以刺激呼吸道黏膜引起呼损伤，会出现打喷嚏、流鼻涕、鼻塞的症状；如果影响咽喉部，或者影响支气管，则会出现咳嗽、咳痰或咳血痰、声音嘶哑、呼吸困难的情况。严重者患有支气管炎、支气管哮喘、支气管扩张、肺癌等严重疾病。

【分析与启发】

1. 酸雨、酸雾是地球万物的共同敌人 目前，酸性排放物日益增多，它们进入空气中，经过一系列作用后伴随降雨就形成了酸雨。

对酸雨的防治已成为一个全球性的难题，减小和杜绝酸雨已迫在眉睫。目前，各国采用的防治对策：①调整能源战略，一方面节约能源，减少煤炭、石油的消耗量，以减少二氧化硫、氮氧化物等大气污染物的排放量；另一方面开发新能源，如太阳能、水能、地热能、风能、核能等；②解决二氧化硫污染问题，一些国家在火力发电厂安装了烟气脱硫装置，并加以法律规定，减少二氧化硫的排放。

2. 发展经济不能以牺牲环境为代价 以牺牲环境为代价的经济发展，从短期看取得了经济利益，增加了财政收入，提高了人民的收入水准。但从长远看，是得不偿失的。以环境污染为代价取得的经济发展，不仅造成了环境的污染，而且损害了人民的身体健康，降低了人民的生活质量。

当今，保护环境就是保护生产力，改善环境就是发展生产力。正确处理好经济发展同环境保护的关系，走可持续发展之路，保持经济、社会和环境协调发展，是我国实现现代化建设的战略方针。

3. 完善环保制度，落实环保责任 为保护和改善环境，防治污染和其他公害，保障公众健康，推进生态文明建设，促进经济社会可持续发展，2015 年 1 月 1 日，我国施行《中华人民共和国环境保护法》。环境保护要着力构建生态环保工作长效机制，为经济社会持续健康发展营造良好的生态环境，切实增强抓好生态环保的自觉性和有效性。

（李燕珍　周文）

第十二章　消化系统疾病

消化系统是人类疾病罹患率较高的系统。消化系统与外界相通，可成为多种病原微生物和毒物侵入人体的通道。炎症、溃疡、病毒性肝炎及肝硬化是消化系统常见病；食管癌、胃癌、肝癌及大肠癌是消化系统常见的恶性肿瘤。肝细胞受到严重损伤时可出现肝功能不全。

第一节　消化系统疾病的相关知识

一、胃炎

胃炎是胃黏膜的炎性病变，临床常见，可分为急性胃炎和慢性胃炎两大类。

急性胃炎病因较为明确，多由刺激性食物、化学腐蚀剂、药物、细菌感染、应激反应等引起。根据其病因和病理变化特点，可分为急性刺激性胃炎、急性出血性胃炎、腐蚀性胃炎及急性感染性胃炎。急性胃炎临床表现可有恶心、呕吐、发热和白细胞计数升高等。由于胃黏膜有很强的再生能力，急性胃炎引起的胃黏膜损伤大多能得到修复。

慢性胃炎是胃黏膜的慢性非特异性炎症，是一种常见病、多发病。引起慢性胃炎的病因和发病机制目前尚不明确，可能与下列因素有关：①幽门螺杆菌感染；②长期慢性刺激；③十二指肠液、胆汁反流对胃黏膜屏障的破坏；④自身免疫性损伤。临床表现可有食欲下降、上腹部不适或胀痛、饭后饱胀、嗳气等症状。由于疾病常反复发作，长期迁延，故严重影响患者身体健康。本病一般分为慢性浅表性胃炎、慢性萎缩性胃炎、慢性肥厚性胃炎和疣状胃炎四种类型。

二、消化性溃疡

消化性溃疡是以胃或十二指肠黏膜形成慢性溃疡为特征的常见病，其发生和发展与胃液的自身消化作用有关，故称为消化性溃疡。本病多发生在20～50岁的成年人，男性多于女性。患者有周期性上腹部疼痛、反酸、嗳气、呕吐等症状，常反复发作，经久难愈。胃溃疡和十二指肠溃疡虽在发病机制上有所不同，但它们的病理形态学变化都是一致的。

溃疡的病因及发病机制复杂，至今尚未完全研究清楚。关于其发病机制，一般认为酸性胃液对胃或十二指肠黏膜的“自身消化”是溃疡形成的基本环节。

胃和十二指肠黏膜经常受到胃酸、胃蛋白酶、胆盐、食物成分、幽门螺杆菌感染、酒精及药物（如阿司匹林）等内外损伤因子的刺激，但是正常胃和十二指肠黏膜也具有强大的防御功能，保护黏膜不致受到损伤。这些防御功能主要包括下列因素。

（1）黏膜表面黏液及碳酸氢盐形成的保护层，可避免或减少黏膜上皮与胃液相接触，以及形成碱性微环境。

（2）黏膜表层上皮细胞顶部的类脂质细胞膜及上皮细胞间紧密连接构成一层脂蛋白层，可阻止胃腔内 H^+ 弥散进入黏膜。

（3）黏膜表面上皮具有很强的再生能力和修复能力，可保持黏膜的完整性。

（4）黏膜内良好的血液循环可清除弥散在黏膜内的 H^+，并为黏膜的再生修复提供充分的血液供应。

（5）黏膜上皮合成的前列腺素（PGI_2 和 PGE_2）的扩血管作用有利于维持黏膜的血液循环。前列腺素还有抑制胃酸分泌、刺激黏液和 HCO_3^- 分泌的作用。只有损伤因素和防御屏障功能两者之间失去平衡关系，才有可能出现胃液对胃或十二指肠黏膜的“自身消化”作用。

（一）胃溃疡的发病机制

胃黏膜防御屏障功能减弱、胃酸和胃蛋白酶分泌增加是胃溃疡发病的重要环节。

1. 胃黏膜屏障功能减弱

（1）长期高度紧张、过度抑郁、强烈情绪波动等精神因素，可造成大脑皮质兴奋与抑制功能障碍，皮质下中枢功能失调，病理性兴奋灶建立，导致自主神经功能紊乱，通常表现为迷走神经兴奋性降低。迷走神经兴奋性降低可导致幽门括约肌松弛，十二指肠内的胆汁、胰液等消化液反流入胃。反流的胆汁和胰液等破坏胃的黏液层，并损伤胃黏膜上皮；胆汁可将上皮细胞膜的脂蛋白消化，损伤细胞间的紧密连接，使胃腔内胃酸中的 H^+ 以逆向弥散到黏膜中，破坏毛细血管造成出血和渗出，并破坏黏膜组织造成黏膜缺损。

（2）外源性损伤因子能直接刺激胃黏膜，造成黏膜炎症和损伤，促使胃溃疡发生。

2. 胃酸和胃蛋白酶分泌增加　迷走神经兴奋性降低，使胃蠕动减慢，食物长时间滞留在胃内，不仅容易损伤胃黏膜，而且刺激胃窦部的促胃液素细胞（G 细胞），使促胃液素分泌增加。促胃液素能刺激壁细胞和主细胞，使胃酸和胃蛋白酶分泌增加，促进胃黏膜的溃疡形成及持续存在。

（二）十二指肠溃疡的发病机制

胃酸持续增高是十二指肠溃疡发生的重要因素。

与胃溃疡不同，十二指肠溃疡患者通常有迷走神经功能亢进，迷走神经传出纤维释放乙酰胆碱，使 G 细胞分泌促胃液素增加，胃酸分泌增多，因此在空腹时也常有胃酸分泌增加的情况。此外，患者壁细胞数量增多，约为正常人的两倍。而壁细胞对促胃液素的敏感性也升高，但增多的胃酸反馈性抑制 G 细胞分泌促胃液素的能力却下降。因此，其胃酸分泌经常处于增高状态，但壁细胞增多的原因尚不清楚，可能与遗传因素有关。

（三）消化性溃疡的病理变化

胃溃疡多发生在胃小弯，越靠近幽门处，越多见，约 75% 的胃溃疡分布在胃窦部。十二指肠溃疡则多发生在十二指肠球部，以靠近幽门的十二指肠前壁及后壁较多见。两者的病理变化大致相同，故一并叙述。

1. 肉眼观　胃溃疡多为单发，呈规则的圆形或椭圆形，直径一般在 2cm 以内。溃疡深浅不一，但一般较深，可达肌层，有时甚至到达浆膜层。溃疡边缘整齐，如刀割状，不隆起。溃疡底部平坦干净或覆有薄层渗出和坏死物。溃疡周围黏膜常增生而致皱襞变粗，有时可因瘢痕收缩而呈现以溃疡为中心的星芒状。

2. 镜下观 胃溃疡底部，从黏膜面到浆膜面观察大致可分为四层。

（1）*渗出层* 有少量纤维素、白细胞等炎性渗出物覆盖在溃疡底表面。

（2）*坏死层* 为一层致密、无结构红染的坏死组织，其间可有一定数量的中性粒细胞等炎细胞浸润。

（3）*肉芽组织层* 由新生毛细血管和成纤维细胞组成的新鲜肉芽组织，其中有炎细胞浸润。

（4）*瘢痕层* 肉芽组织逐渐老化而形成瘢痕。在瘢痕组织内，常可见有些小动脉因炎症刺激而发生增生性动脉内膜炎，使小动脉管壁增厚，管腔狭窄，有的还有血栓形成。此种变化可防止溃疡出血，但也引起血液循环障碍，不利于溃疡的愈合。此外，在溃疡边缘，常可见黏膜肌层与胃壁肌层粘连愈合的现象，其周围伴有慢性炎症改变。溃疡底部的神经节细胞及神经纤维常发生变性、断裂，有时断端呈小球状增生现象，这可能是产生疼痛症状的原因之一。

十二指肠溃疡的形态特征与胃溃疡类似，但溃疡一般较小和较浅，直径多在 1cm 以内。

（四）结局及并发症

经过适当的治疗和休息后，溃疡底部的肉芽组织增生，坏死组织及渗出物逐渐被清除，周围黏膜上皮再生，覆盖溃疡面而愈合。但已被破坏的肌层不能再生，由瘢痕组织充填修复，表面由单层上皮覆盖，而此处对胃酸的抵抗力较弱，故易复发。部分患者可出现以下并发症。

1. 出血 发生率 10% ～ 35%。可引起经常性小量出血，患者大便潜血阳性。溃疡底部较大血管被腐蚀破裂时，则可引起大出血，这是溃疡的一个危险而较多见的并发症，患者可有呕血、柏油便。十二指肠溃疡并发出血者远较胃溃疡多见，尤其是后壁溃疡，因其底部易与胰脏或腹后壁组织粘连，血管破裂后往往不易收缩止血。

2. 穿孔 发生率约 5%。胃穿孔多在幽门附近，十二指肠穿孔多在前壁，由于肠壁较薄，故更易引起穿孔。穿孔后胃内容物漏入腹腔而引起弥漫性腹膜炎。如在穿孔前溃疡处的浆膜已与周围脏器发生纤维粘连或被大网膜包裹，则只在穿孔处的周围引起局限性腹膜炎。

3. 幽门梗阻　发生率约3%。患者由于瘢痕收缩使幽门部狭窄，胃内容物难以通过，可继发胃扩张。患者可出现反复呕吐、碱中毒等症状。

4. 癌变　发生率约1%。癌变多见于胃溃疡，十二指肠溃疡一般不发生癌变。癌变多发生在病程较长的中老年患者。溃疡病变与溃疡型胃癌有时从肉眼观察上较难区别，但在镜下检查，如溃疡底部有大量肉芽组织，以及溃疡边缘的黏膜肌层与胃壁肌层粘连在一起，无明显细胞异型，则为溃疡病变。

三、病毒性肝炎

病毒性肝炎是由肝炎病毒引起的以肝实质细胞变质为主的炎症，是一种十分常见的传染病。各种年龄均可罹患，世界各地均有发生和流行，近年来发病率有增高的趋势。

基本病理变化

各型病毒性肝炎的病变基本相同，都是以肝实质细胞变质为主的变质性炎症，同时伴有不同程度的炎细胞浸润、间质反应性增生及肝细胞再生。

1. 肝细胞的变性坏死

（1）*细胞水肿*　这是最为普遍的病变，但各个肝细胞病变轻重可以不等，有的肝细胞仅表现为胞质淡染、半透明的胞质疏松化，有的肝细胞则表现为气球样变。电镜下可见胞质基质变淡，内质网扩张成囊泡状，核糖体颗粒脱落，线粒体肿胀、消失。这种病变一般都可恢复，少数细胞则进一步发展为崩解坏死。

（2）*嗜酸性变和嗜酸性小体*　为细胞凋亡的肝细胞，表现为单个或几个肝细胞胞质浓缩，嗜酸性染色增强，呈均匀伊红染色，称为嗜酸性变。嗜酸性变进一步发展，胞质更加浓缩，胞核消失，整个细胞成为均匀伊红染色的球形小体，称为嗜酸性小体。这种嗜酸性小体可存在于肝细胞索中，也可游离至窦周隙或肝窦中，还可被枯否氏（Kupffer）细胞吞噬。

（3）*肝细胞溶解坏死*　气球样变的肝细胞若进一步发展，则细胞坏死崩解，伴着炎细胞浸润。根据坏死范围，可分为以下4种情况。

1）点状坏死：指肝小叶散在的单个或数个肝细胞的坏死，常见于急性普通型肝炎。

2）桥接坏死：指肝小叶中央静脉与汇管区之间、两个肝小叶中央静脉之间或两个汇管区之间形成互相连接的坏死带，汇管区常见纤维结缔组织增生并分割肝小叶结构。桥接坏死常见于中、重度慢性肝炎。

3）大片坏死：指累及肝小叶大部或整个肝小叶，或波及数个肝小叶的大范围坏死，多见于重型肝炎。

（4）毛玻璃样肝细胞　乙型肝炎病毒（HBV）携带者和有些慢性肝炎患者的肝细胞内含有大量乙型肝炎表面抗原（HBsAg）。光镜下可见肝细胞胞质中充满淡伊红色细颗粒状物质，呈不透明毛玻璃样，故称为毛玻璃样肝细胞。用免疫酶标法或免疫荧光法检测这些物质呈 HBsAg 阳性反应。电镜下可见大量线状或小管状的 HBsAg 充塞在增生扩张的滑面内质网内。

2. 炎细胞浸润　汇管区内或小胆管周围、肝小叶细胞索之间或坏死灶中，有以淋巴细胞、单核细胞为主的炎细胞浸润，有时也可见少量浆细胞和中性粒细胞。

3. 增生性改变　包括间质的反应性增生和坏死区肝细胞再生。

（1）Kupffer 细胞　增生 Kupffer 细胞数量增多，呈梭形或多角形，胞浆丰富，突出于窦壁，并可脱落进入窦内，成为游走的吞噬细胞，胞质内常含有被吞噬的色素颗粒或坏死细胞碎片。

（2）成纤维细胞增生　主要在汇管区，并可伸入小叶的坏死区，参与损伤肝组织的修复。如肝组织反复受损或大片坏死，纤维组织可大量增生，并将小叶分割，逐渐发展成肝硬化。

（3）小胆管增生　病程较长者，汇管区可见小胆管上皮细胞增生。

（4）肝细胞再生　坏死灶的周围肝细胞再生，修复过程的再生肝细胞体积较大，胞质略呈嗜碱性，核大而染色较深，有时可见双核。通过再生修复使肝小叶结构恢复正常。如坏死灶内网状支架被破坏、塌陷，则再生肝细胞索排列紊乱，呈结节状。

四、肝硬化

肝硬化（liver cirrhosis）是一种常见的慢性进行性肝脏疾病，可由多种原因引起。由于肝细胞长期受损，不断发生弥漫性变性、坏死，继而出现纤维组织增生和肝细胞结节状再生，三者反复交替进行，致使肝小叶结构破坏，肝体积缩小，质地变硬，表面和切面均呈结节状，称为肝硬化。肝硬化早期，患者临床症状可不明显，后期可有肝功能障碍和不同程度的门脉高压症和肝功能不全，出现腹腔积液。

根据病因，可分为病毒性肝炎性肝硬化、酒精性肝硬化、胆汁性肝硬化、淤血性肝硬化、寄生虫性肝硬化。根据结节大小，可分为小结节型（结节直径小于 3mm）、大结节型肝硬化（结节直径大于 3mm）、大小结节混合型肝硬化。

目前我国常用的是结合病因、病变和临床表现的综合分类法，可分为以下 3 种类型。

1. 门脉性肝硬化　此型最常见，常由多种原因引起，属于小结节型，门脉高压症明显。

2. 坏死后性肝硬化　病程较短，预后较差，常由肝炎病毒感染引起，也可见于药物或化学物质中毒，属于大结节或大小结节混合型。肝脏体积缩小，表面有较大且大小不等的结节，最大结节直径可达 6cm，结节呈黄绿或黄褐色。

3. 胆汁性肝硬化　由于胆道阻塞，胆汁淤积，造成肝细胞损伤及纤维化，肝表面呈细颗粒状，常被胆汁染成深绿色。

（一）病理变化

1. 肉眼观　早期，肝脏体积正常或稍增大，质地正常或稍硬。晚期，肝体积缩小，重量减轻（常在 1000g 以下），质地变硬，包膜增厚。表面呈小结节状突起，结节直径为 0.1 ～ 0.5cm，很少超过 1cm。切面布满与表面相同的黄褐色圆形或椭圆形结节，结节周围有灰暗色的纤维组织包绕。

2. 镜下观　肝纤维化时，肝小叶内增生的胶原纤维形成细小的条索，汇管区内增生的胶原纤维可向肝小叶内伸展，但未形成纤维间隔。肝硬化时，正常的肝小叶结构被破坏、消失，取而代之的为大量纤维组织围绕、大小不等、圆形或椭圆形的肝细胞团，称为“假小叶”。假小叶中肝细胞索排列紊乱，小叶中央静脉偏位、缺如。假小叶内可见脂肪变性、坏死的肝细胞，以及体积较大、核大染色较深、常有双核的再生肝细胞。假小叶周围的纤维组织厚薄均匀，增生的纤维间隔中有不同程度的淋巴细胞和单核细胞浸润，以及增生的小胆管。

（二）临床病理联系

肝硬化患者临床上常出现门脉高压症及黄疸。

1. 门脉高压症 肝硬化是引起门脉高压症的主要原因，其他如肝癌、肿瘤压迫门静脉或血栓阻塞等也可引起肝硬化，引起门脉高压症的主要机制：①假小叶压迫管壁比较薄弱的小叶下静脉，使肝窦内血液流出受阻而窦内压力增高，致门静脉压力增高（窦后阻塞）。中央静脉和肝窦周围纤维化使部分肝窦闭塞，门静脉血液回流受阻而压力升高（窦内阻塞）。②假小叶形成时，肝内血管系统改建，血管网遭受破坏而减少，或由于纤维组织增生，血管发生扭曲和阻塞，使门静脉血流阻力增加。③肝动脉和门静脉之间的异常吻合支增加，压力较高的肝动脉血流入门静脉，使门静脉压力增高。其临床表现如下。

（1）脾肿大 有 70% ～ 85% 的肝硬化患者伴有脾肿大。由于门静脉压升高，脾静脉回流受阻而使脾脏淤血肿大，并常伴有白细胞、血小板减少和贫血等表现。

（2）消化功能不良 由于胃肠道静脉回流受阻而淤血，胃肠壁组织水肿，消化吸收功能低下。

（3）腹水 肝硬化晚期，约 75% 以上的患者发生腹水。腹水为淡黄色澄清含有微量蛋白的漏出液。

（4）侧支循环形成 门静脉与腔静脉间的吻合支代偿性扩张，使门静脉血绕过肝脏而经吻合支进入右心，形成侧支循环。主要的侧支循环和并发症有食管下段静脉丛曲张、直肠（痔）静脉丛曲张、脐周腹壁浅静脉曲张。

2. 黄疸 肝硬化后期，由于肝内胆管扭曲、阻塞和肝细胞坏死，使胆色素溢入血液所致。

（三）结局

肝硬化早期，肝纤维化是可逆转的，如果病因去除，坏死停止，肝细胞变性可以恢复，增生的胶原纤维也能减少或消失，肝功能得到改善。肝硬化发展到一定程度时，经过积极治疗，肝细胞变性、坏死和炎细胞浸润也可基本消失，纤维组织不再增生，但肝内已形成的结构改变很难逆转，使疾病处于相对稳定状态而停止进展。肝硬化晚期，由于肝功能衰竭，患者可因肝性脑病而死亡，也可因食管下端静脉丛曲张破裂大量出血，或合并肝癌或继发感染而死亡。

第二节　消化系统疾病之课程思政

思政故事

幽门螺杆菌之父：巴里·马歇尔

巴里·马歇尔一直致力于研究胃溃疡。当时人们觉得，胃溃疡的产生大多与精神因素有关。无论患者患有胃酸、嗳气，还是患有胃痛、胃溃疡，医生先怀疑是由患者的思想压力过大所引起的。手术一度称为治疗胃溃疡的唯一手段。患者胃部溃疡的位置会被切除，然后再重新与肠道相连。手术后，只有一半的患者症状得到改善，反复发作让人苦不堪言。马歇尔决定找出彻底治愈此病的方法。在遭遇动物模型研究中一次又一次的挫折，马歇尔意识要有一个有效的人体试验对象，就是他自己。次日早晨，他将含有数以亿计的细菌培养液一饮而尽。几天后，呕吐、口臭、冒冷汗、进食困难等症状随之而来。直到 10 天后，马歇尔才拖着沉重的身体跑到病理学实验室进行检查。通过检查发现，他的胃里充满了幽门螺杆菌，感染已非常严重。尽管身体十分虚弱，但他的精神却极为亢奋。然而，病情的严重程度已经不容许他庆祝，必须要尽快得到治疗，否则将危及性命。沃伦配合他采集所有的数据。数月后，马歇尔身体康复。1984 年 4 月，《柳叶刀》刊发了他们的研究论文，在全世界掀起了一次研究热潮，这种细菌最终被定名为“幽门螺杆菌”。

2005 年 10 月 3 日，科学家研究发现了幽门螺杆菌可导致胃炎、胃溃疡与十二指肠溃疡等疾病。多年后，马歇尔和沃伦终于又收到了一份厚重的“贺礼”，被授予 2005 年“诺贝尔生理学或医学奖”。

【思政主题】

阻碍科学发展的不是无知，而是囿于成见，唯有冲破传统，方能创造新的奇迹。

【知识点融合】

幽门螺杆菌是一种革兰阴性杆菌，螺旋形、微需氧、对生长条件要求十分苛刻，1983 年首次从慢性活动性胃炎的胃黏膜活检组织中成功分离，是所知能够在猕猴、大鼠、猪、犬等动物胃中生存的微生物种类。幽门螺杆菌病包括由幽门螺杆菌感染引起的胃炎、消化道溃疡、淋巴增生性胃淋巴瘤等。幽门螺杆菌可导致胃癌。一般认为，幽门螺杆菌感染的临床过程：幽门弯曲杆菌、犬胃幽门螺杆菌或幽门螺杆菌经口到达胃黏膜后定居感染，经数周或数月引发慢性、浅表性胃炎，数年或数十年后发展成为十二指肠溃疡、胃溃疡、淋巴增生性胃淋巴瘤、慢性萎缩性胃炎等，而后者是导致胃癌最危险的因素。幽门螺杆菌感染使患胃癌的危险增加了 2.7 ～ 12 倍，如果没有螺旋杆菌感染，至少有 35% ～ 89% 的胃癌不会发生。

幽门螺杆菌可以说是胃炎、慢性咽炎、口腔溃疡等消化性溃疡的主要原因，对于患有这些疾病的患者来说，治疗首要就是要根除幽门螺杆菌，否则治疗相对困难。然而，幽门螺杆菌的传染力很强，可通过手、不洁食物、不洁餐具、粪便等途径传染，在水中可以存活。所以，日常饮食要养成良好的卫生习惯，预防感染。其主要传播途径是经粪口传播，主要预防方法有避免群集性感染、保持口腔健康、定期消毒餐具。幽门螺杆菌感染是可以治愈的。幽门螺杆菌阳性的治疗方案包括两大类：①以抗生素为主，辅以抑酸剂（铋剂）；②以质子泵抑制剂的方案。

幽门螺杆菌阳性的治疗原则：①采用联合用药方法，如国际上普遍采用的三联疗法；②幽门螺杆菌的根除率 >80%，最好在 90% 以上；③无明显不良反应，患者耐受性好；④患者经济上可承受性。判断幽门螺杆菌感染的治疗效果应根据幽门螺杆菌的根除率，而不是清除率。根除是指治疗终止后至少在一个月后，通过细菌学、病理组织学或同位素示踪方法证实无细菌生长。

【分析与启发】

1. 科学的发展要敢于突破成见　过去人们认为胃溃疡等胃部疾病是由于压力大所引起的，治疗方法可谓治标不治本。科学的进步与发展要敢于突破成见，验证已有的观点，若是错误的，则要通过实践推翻它。

2. 忘我、专注、自信方能成功　一次又一次的实验失败没有阻断马歇尔继续研究的道路，一次又一次的挫折没有敲碎马歇尔的信心。无数次的实验、改进、整理、优化，这种忘我、专注的品质是可贵的。

思政故事

她在自己身上试验了我国第一支乙型肝炎疫苗

陶其敏，是打响我国抗击乙型肝炎阻击战的第一人，她在自己身上试验了第一支血源性乙型肝炎疫苗，为我国检验医学事业，特别是肝病的实验诊断，作出了突出的贡献。

【思政主题】

一支疫苗，一个决定。

【知识点融合】

乙型病毒性肝炎（viral hepatitis type B）是由 HBV 引起的以肝脏病变为主的一种传染病，简称为乙肝。临床上以食欲减退、恶心、上腹部不适、肝区痛、乏力为主要表现。部分患者可有黄疸、发热和肝肿大伴有肝功能损害。有些患者发病可慢性化，甚至发展成肝硬化，少数可发展为肝癌。HBV 在外界抵抗力很强，能耐受一般浓度的消毒剂，能耐受 60℃、4 小时。煮沸 10 分钟、高压蒸汽消毒及 2% 过氧乙酸浸泡 2 分钟均可灭活 HBV。乙肝的诊断根据以上症状、体征、实验室检查、病理学及影像学检查等进行初步诊断，须依据血清 HBV 标志和 HBV DNA 检测结果做出诊断。根据临床特点和实验室检查等将乙肝分为不同临床类型，包括急性乙肝、慢性乙肝、乙肝肝硬化、乙肝病毒相关的原发性肝细胞癌等。乙型肝炎病毒主要通过血液传播，因而最重要的传播方式是母婴垂直传播和医源性感染，预防的主要措施有防止通过血液、体液传播，加强献血员筛选，严格掌握输血及血制品应用，如发现或怀疑有伤口或针刺感染乙肝病毒可能时，可应用高效价乙肝免疫球蛋白。人工免疫，特别是主动免疫是保护易感人群预防肝炎的根本措施，乙肝疫苗已在我国推广并取得较好的效果，对 HBsAg、HBeAg 阳性孕妇所生婴儿，应于出生 24 小时内注射高效价乙肝免疫球蛋白（HBIG），同时接种一次乙肝疫苗，于出生后 1 个月再注射 HBIG 和疫苗。

【分析与启发】

1. 英勇献身，舍己为人　1975 年 8 月 29 日下午，陶其敏注射了自己研发的第一支血源性乙肝疫苗，为疫苗的后期试验和上市提供了重要依据。

2. 不畏艰险，不断创新　在 20 世纪 70 年代以前，人们只认识甲肝，对于乙肝知之甚少。陶其敏结合我国实际国情，想要研发出一种适合我国国情的乙肝检测方法。她参考了大量文献，进行了一次又一次的试验，不畏艰险，不断创新。

思政故事

胃镜的发展

1868 年，德国人库斯莫尔在观看吞剑术杂技表演时，产生灵感并在后续发明了库斯莫尔管。它其实就是一根末端装有镜子的长金属管，但这种金属管容易戳破患者食道，因此不久就废弃了。历经两个世纪，消化内镜经历了早期硬式内镜、半可屈式内镜、纤维内镜、电子内镜、胶囊内镜的发展过程。1953 年，光导纤维技术被发明和应用。1957 年，科学家研制出世界上第一个用于检查胃和十二指肠的光导纤维内镜。这种胃镜的镜身更加柔软，可在患者胃部回转自如，检查视野范围广，同时也极大地减轻了患者的痛苦。

20 世纪 60 年代初，在光导纤维胃镜的基础上，加装了活检装置及照相机。随着附属装置的不断改进，如手术器械、摄影系统的发展，使纤维内镜不但能用于诊断，而且还能用于手术治疗。

目前较新发展的胶囊胃镜，即吞下一个胶囊即可完成检查。医以通过软件操控体外磁场来控制胶囊在胃内的运动，按照需要的角度对病灶重点拍摄照片。

未来，随着科技的不断发展，胃镜诊断和治疗技术也会不断进步，胃镜将会更加广泛地应用于医疗工作当中，保障广大人民的健康。

【思政主题】

科技改变生活，创新带来进步。

【知识点融合】

胃镜是一种医学检查方法。它借助一条纤细、柔软的管子伸入胃中，医生可以直接观察食道、胃和十二指肠的病变，尤其是微小的病变。胃镜检查能直接观察被检查部位的真实情况，可通过对可疑病变部位进行病理活检及细胞学检查，用于进一步明确诊断，是上消化道病变的首选检查方法。国际上胃镜的发展经历了硬式内镜、半曲式胃镜、纤维内镜、电子内镜四个阶段。我国胃镜发展稍晚，从 20 世纪 50 年代起，一些大医院就开展了硬式内镜（或半曲式内镜）的检查，但每家医院 1 年内镜检查人数很少超过 50 人次。20 世纪 70 年代初，我国开始引进纤维内镜，使胃镜、结肠镜、经内镜逆行性胆胰管造影等检查逐步开展。20 世纪 80 年代起，我国电子胃镜、内镜下介入治疗基本与国际接轨，至 20 世纪 90 年代，内镜检查已普及到全国基层医院。我国 1966 年开始研制纤维内镜，1973 年企业生产了第一台 XW- Ⅰ型纤维胃镜，实现了纤维内镜的国产化。

【分析与启发】

1. 仔细观察生活，关注细节　生活中的点滴会给你带来意想不到的启发，当思维受限时，细细观察生活中的人与事，可能会有不一样的收获。杂技表演给库斯莫尔研究胃镜时带来了灵感，才有了胃镜的雏形。

2. 良好健康的饮食疗法　目前，患有胃肠疾病的人群比例越来越大，要坚持良好健康的饮食疗法，以五谷杂粮为主，多吃粗粮，如糙米、全麦、玉米、红薯等；喝一些养生粥，小米粥最好，可以加红薯、山药，便秘可加薏米，容易上火，可加红小豆；多吃蔬菜和水果；限量吃高脂肪食物；忌辛辣、油炸、烧烤的食物。

3. 科技改变生活，坚持创新　早期的胃镜使用效果不佳，并且给人们带来很大的痛苦。如今伴随着科技的进步，胃镜使用起来越来越简便，而且极大地减轻患者的痛苦。科技的进步，医药行业技术不断创新，给医学治疗带来极大的便利，为患者带来福音。

（熊鹰　黄佳琦）

第十三章　泌尿系统疾病

第一节　泌尿系统疾病的相关知识

泌尿系统由肾脏、输尿管、膀胱和尿道组成。肾脏的基本结构和功能单位是肾单位，由肾小球和肾小管构成。肾小球主要由毛细血管丛、系膜和肾球囊组成。肾小球的毛细血管壁为滤过膜，由毛细血管内皮细胞、基膜和肾球囊脏层上皮细胞组成。

肾脏的主要功能是形成尿液，通过尿液的生成和排出，调节水、电解质和酸碱平衡，排泄代谢产物和毒物，维持内环境稳定，同时还具有内分泌功能。肾脏具有强大的储备代偿能力，只有发生严重损伤时，才会出现肾功能障碍及一系列病理过程。本章重点讲述肾小球肾炎。

一、肾小球肾炎的基本概念

肾小球肾炎是以肾小球损害为主的超敏反应性炎性疾病，临床主要表现为血尿、蛋白尿、管型尿、尿量异常、水肿、高血压等，是导致肾功能衰竭的常见原因。肾小球肾炎可分为原发性和继发性两类，原发性肾小球肾炎是指原发于肾脏并以肾小球病变为主的独立性疾病，而继发性肾小球肾炎则指某些全身性疾病所并发的肾小球损害。

二、肾小球肾炎的病因和发病机制

肾小球肾炎的病因和发病机制尚未完全阐明。大量的实验和临床研究表明，大多数肾小球肾炎是由抗原抗体反应引起的超敏反应性疾病。肾小球肾炎的发病与免疫复合物的形成及其激活炎症介质有关。免疫复合物可以是原位免疫复合物或循环免疫复合物。

一般认为，免疫复合物的形成和沉积只是肾小球肾炎的始发因素，对肾组织并无直接损伤作用，在此基础上只有激活炎细胞及释放炎症介质才会导致肾小球损伤。

三、肾小球肾炎的病理变化

肾小球肾炎是以增生性炎症为主的超敏反应性疾病，表现为肾小球细胞增生性病变、毛细血管壁增厚、炎症渗出和坏死、硬化性病变；肾小管管腔内可出现蛋白质、红细胞、白细胞；肾小管上皮细胞可发生细胞水肿、脂肪变性及玻璃样变性；肾间质可出现充血、水肿和炎细胞浸润。在肾小球发生纤维化和玻璃样变时，相应的肾小管可发生萎缩、消失，肾间质可出现纤维结缔组织增生，以淋巴细胞为主的炎细胞浸润。

四、肾小球肾炎常见的病理类型

（一）毛细血管内增生性肾小球肾炎

以肾小球毛细血管内皮细胞和系膜细胞增生为特征，是临床常见类型，多见于儿童。起病急，病因大多与链球菌感染有关，又称为急性链球菌感染后肾小球肾炎。其病变性质以肾小球弥漫性增生为主，又称为急性弥漫性肾小球肾炎。临床表现为急性肾炎综合征，儿童患者大多预后良好。

1. 病理变化

（1）肉眼观　双侧肾脏对称性肿大，被膜紧张，表面光滑，充血，呈红色，故称为大红肾。若肾表面及切面出现散在出血点，状如蚤咬，则称为蚤咬肾。

（2）光镜观　病变呈弥漫性分布，累及双侧肾脏大多数肾小球，肾小球毛细血管内皮细胞和系膜细胞增生、肿胀，引起毛细血管腔狭窄甚至闭塞。中性粒细胞和单核细胞浸润，导致肾小球细胞数目增多，肾小球体积增大。肾小球囊内可见渗出的纤维蛋白、中性粒细胞和漏出的红细胞。

（3）电镜观　在基膜外侧的上皮下，可见沉积的免疫复合物呈电子致密的小丘状突起“驼峰”。

（4）免疫荧光检查　常见 IgG 和补体 C_3 沿毛细血管呈不连续的颗粒状荧光。

2. 临床病理联系　临床表现为急性肾炎综合征，尿液变化表现为少尿或无尿、蛋白尿、血尿和管型尿；肾小球滤过率降低及变态反应等因素引起的水肿；水钠潴留引起的高血压。

3. 结局　一般预后良好，尤其是儿童，绝大多数病例的临床症状可以消失，病变可逐渐消退；少数病例可缓慢进展为慢性肾小球肾炎。成人病例预后较差，15% ～ 50% 可转变为慢性肾小球肾炎。

（二）新月体性肾小球肾炎

以肾球囊壁层上皮细胞增生形成新月体为特征，又称为毛细血管外增生性肾小球肾炎。临床上较为少见，多数原因不明，多见于中青年。本病起病急、病情重、进展快、预后差，临床上称为快速进行性肾小球肾炎。

1. 病理变化

（1）肉眼观　双侧肾脏呈对称性肿大，颜色苍白，皮质表面及切面易见散在出血点。

（2）光镜观　双侧肾脏（50% 以上）肾小球内形成具有特征性的新月体。新月体是由增生的壁层上皮细胞和渗出的单核细胞形成多层细胞组成的新月形结构或环形结构，此时称为细胞型新月体；随着新月体内纤维成分逐渐增多而形成纤维－细胞性新月体，最后形成纤维性新月体。肾球囊壁的新月体形成可使其囊壁增厚，并与毛细血管丛粘连而致囊腔狭窄或闭塞；同时可使毛细血管丛受压而发生萎缩，肾小球发生纤维化及玻璃样变性，终致肾小球功能丧失。

（3）电镜观　肾小球毛细血管基膜呈局灶性断裂或缺损，继而刺激壁层上皮细胞增生而形成新月体。

（4）免疫荧光检查　部分病例 IgG 和补体 C_3 沿肾小球毛细血管呈连续的线性荧光，或呈粗颗粒荧光，约半数病例未见阳性荧光沉积物。

2. 临床表现　临床表现为快速进行性肾炎综合征，尿液变化为血尿及中度蛋白尿，并迅速出现少尿、无尿；表现为氮质血症；还常伴有不同程度的高血压和水肿。

3. 结局　预后甚差，多数患者常因少尿、无尿、氮质血症而在数周或数月内发展为尿毒症。

（三）膜性肾小球肾炎

膜性肾小球肾炎以肾小球毛细血管基膜弥漫性增厚为特征，又因其肾小球的炎症性病变不明显而被称为膜性肾病，是临床上引起成人肾病综合征常见的病理类型。本病好发于中老年人，男性多于女性，起病缓慢，病程长。本病多为原发性（约占 85%），原因不明；部分为继发性，其发生与慢性乙型肝炎、系统性红斑狼疮、某些恶性肿瘤、金属或汞中毒等有关。

1. 病理变化

（1）肉眼观　双肾肿大、颜色苍白，称为“大白肾”；晚期则体积缩小，表面呈细颗粒状。

（2）光镜观　主要特点是双肾大多数肾小球毛细血管壁呈弥漫性渐进性增厚；晚期可造成毛细血管腔逐渐狭窄甚至闭塞，最终导致肾小球纤维化、玻璃样变性及功能丧失。肾小球内通常未见细胞增生及炎细胞浸润等炎症病变。银染色法可见基膜早期仅出现多数微小空泡；继而基膜向外侧增生形成多数微细的钉状突起，称为钉突。钉突与基膜垂直相连而形如梳齿，随后钉突逐渐增粗并相互融合，致使基膜增厚。肾小管上皮细胞可发生细胞水肿、脂肪变性等病变，晚期则发生萎缩。

（3）电镜观　基膜的病变与银染色法所见有一定的对应关系。早期可见上皮下免疫复合物沉积，呈少数体积较小的电子致密物；继而沉积的电子致密物逐渐增多，体积逐渐增大，位于基膜与钉突之间；随后电子致密物被增生的基底膜包围，并逐渐被吸收、溶解而呈电子透明区，以致增厚的基膜呈虫蚀状改变，最后电子致密物消失，基膜高度增厚。

（4）免疫荧光检查　可见 IgG 和补体 C_3 沿肾小球毛细血管壁呈弥漫性颗粒状荧光。

2. 临床表现　临床表现主要为肾病综合征。

（1）大量蛋白尿　膜性肾小球肾炎由肾小球滤过膜严重损伤，其通透性显著增加，以致大量血浆蛋白，包括小分子和大分子蛋白均可滤出而出现非选择性蛋白尿。

（2）低蛋白血症　大量血浆蛋白随尿排出而使血浆蛋白减少所致。

（3）高度水肿　由于低蛋白血症导致血浆胶体渗透压降低所致。

（4）高脂血症　发生机制尚不明确，现认为与低蛋白血症刺激肝脏合成脂蛋白增多和脂蛋白分解减少相关，而后者为更重要原因。

3. 结局　膜性肾小球肾炎是一种慢性进行性疾病，病程较长，常逐渐出现慢性肾功能衰竭；部分患者预后较好，症状可缓解。

（四）微小病变性肾小球肾炎

微小病变性肾小球肾炎，在光镜下肾小球并无明显病变，但其肾小管上皮细胞内有大量脂质沉积，又称脂性肾病；又因电镜下可见肾小囊脏层上皮细胞足突融合、扁平、消失而称为足突病，是引起儿童肾病综合征的常见病理类型。患者多为 2 ～ 8 岁的儿童，起病缓慢。病因和发病机制尚不明确。

1. 病理变化

（1）肉眼观　双肾肿大，颜色苍白，切面见肾皮质增厚，并出现黄色放射状条纹。

（2）光镜观　肾小球无明显病变，而肾近曲小管上皮细胞则可见明显的脂肪变性。

（3）电镜观　主要为肾小球脏层上皮细胞空泡变性，足突融合、扁平、消失。肾小球毛细血管基膜未见病变，亦无电子致密物沉积。

（4）免疫荧光检查　未见免疫复合物和补体沉积。

2. 临床表现　临床表现主要为肾病综合征，其中大量蛋白尿为选择性蛋白尿，其尿蛋白主要是小分子的白蛋白，可能是肾小球滤过膜的阴离子丢失过多而使带负电荷的白蛋白易于滤出所致。

3. 结局　预后好，90% 以上的患儿经肾上腺皮质激素治疗可以恢复；少数病例预后较差，可反复发作而发展为慢性肾功能衰竭。

（五）系膜增生性肾小球肾炎

本病以肾小球系膜细胞增生和系膜基质增多使系膜区增宽为特征，常发生于青少年，临床表现具有多样性。

1. 病理变化

（1）光镜观　病变弥漫性累及多数肾小球，早期以系膜细胞增生为主，继而系膜基质逐渐增多，致使系膜增宽。病变若进一步发展，可导致系膜硬化和肾小球硬化。

（2）电镜观　系膜区增宽，系膜细胞增生，系膜基质增多；在系膜基质中出现较多的呈结节状分布的电子致密物。

（3）免疫荧光检查　常见系膜区 IgG、C_3 沉积，部分病例仅见 C_3 或未见沉积物。

2. 临床表现　临床表现多种多样，可表现为无症状血尿、蛋白尿、慢性肾炎综合征或肾病综合征等。

3. 结局　多为慢性进行性经过，病变轻者预后较好，病变重者（约 30%）可逐渐发展为慢性肾功能衰竭，预后差。

（六）IgA 肾病

IgA 肾病以肾小球系膜区 IgA 沉积为特征，发病率较高，多见于儿童和青年，常于呼吸道、消化道或泌尿道感染后发病，因而有学者认为其发病可能与黏膜产生分泌型 IgA 增多、沉积于肾小球有关。临床表现主要为反复发作性血尿。

1. 病理变化

（1）光镜观　常见病变是系膜细胞增生、系膜基质增多，但也可表现为新月体形或局灶性节段性增生及硬化性病变。系膜基质增多，系膜基质内出现块状电子致密物沉积。

（2）电镜观　主要表现为系膜细胞增生、系膜基质增多、系膜基质内出现块状电子致密物沉积。

（3）免疫荧光检查　以系膜区大量颗粒状沉积为主，常伴 C_3 沉积。

2. 临床表现　主要为反复发作性血尿，多为肉眼血尿，少数为镜下血尿，可伴轻度蛋白尿。少数患者可出现肾病综合征。

3. 结局　多呈慢性病程，部分患者可长期维持正常肾功能，还有部分患者可发展为慢性肾功能衰竭，预后差。

（七）慢性硬化性肾小球肾炎

慢性硬化性肾小球肾炎以肾小球纤维化、玻璃样变性等硬化性病变为特征，是各种类型肾炎发展到晚期的共同表现。本病多见于成年人，病程长短不一，呈慢性进行性病变，预后差，其临床表现主要为慢性肾炎综合征。

1. 病理变化

（1）肉眼观　双肾呈对称性缩小，颜色苍白，质硬，表面呈弥漫性细颗粒状，称为继发性颗粒性固缩肾；切面肾皮质明显变薄，皮、髓质分界不清，肾小动脉因管壁变硬；肾盂周围的脂肪组织增多。

（2）光镜观　病变累及双肾大多数肾单位，肾小球因系膜基质、基膜样物质、胶原纤维增多和血浆蛋白沉积而逐渐发生纤维化、玻璃样变性；所属肾小管萎缩、消失；病变肾小球常因肾小管萎缩、消失和间质纤维组织增生、收缩而相互靠拢、密集，呈“肾小球集中”现象。残存的、相对正常的肾小球呈代偿性肥大，肾小管扩张，肾间质纤维组织增生伴淋巴细胞浸润。这种由纤维化的肾小球和萎缩的肾小管组成的病变肾单位，与由肥大的肾小球和扩张的肾小管组成的代偿性肾单位交错分布，使肾脏表面呈细颗粒状。

2. 临床病理联系　主要为慢性肾炎综合征。

（1）尿液变化　主要为多尿、夜尿、低比重尿，大量肾单位结构被破坏、功能丧失。

（2）高血压　肾组织严重缺血，肾素分泌增多、肾素 – 血管紧张素系统激活而致血压升高；血压升高进而导致全身细小动脉硬化而使肾缺血加剧，血压则持续升高。两者相互影响可引起左心室肥大及左心衰竭。

（3）贫血　大量肾组织被破坏、促红细胞生成素分泌减少和毒性代谢产物在体内积聚，从而抑制骨髓造血功能和促进溶血。

（4）氮质血症和尿毒症　由于大量肾单位结构被破坏，肾小球滤过膜总面积大为减少，大量代谢废物排出障碍而在体内潴留，其中血中尿素、肌酐等非蛋白氮浓度增高则造成氮质血症；随着肾功能的逐渐减退，最终可引起尿毒症。

3. 结局　预后较差，晚期患者常因尿毒症、心力衰竭、脑出血或继发感染而死亡。

第二节　泌尿系统疾病之课程思政

思政故事

四川女教师身患尿毒症却坚持教学

2000 年 8 月，贺玲从仁寿师范学校毕业后，怀着满腔热情和希望来到里仁乡白塔村小学任教，这位年轻的女教师对未来充满了无限的憧憬。

2002 年 3 月，正在上班的贺玲突然发现尿中带血，而且腰背中部痛得厉害。当时她以为是女性正常的生理现象，由于忙于教学，没有引起重视。谁知接下来的几个月，还是照样尿血，她才感到问题的严重性，到医院检查病因，结果她患上了尿毒症、肾功能衰竭。

不期而至的疾病对于怀揣梦想的贺玲来说无异于晴天霹雳，由于学校处于偏远的山区，交通不便加上工资低，不断辗转于学校和医院让她的病情不断恶化。2007 年秋季，在仁寿县教育局的关怀下，贺玲被调回自己的母校——青冈乡小学校任教，并且通过血液透析使病情得到稳定。然而，在贺玲的心中，自己的病情并不是让她最担心的，她放心不下的是那群孩子。于是，病情稍微稳定的贺玲就想立刻回到讲台上和孩子们在一起。

由于身体状况，青岗乡小学校领导不同意贺玲复课，让她继续在家休养。贺玲找到仁寿县教育局领导，述说了自己的心声，并得到领导的认可。就这样，贺玲又回到了自己朝思暮想的讲台上，尽情地挥洒着那满腔的热情，这一教又是 4 年。

【思政主题】

虽然我是患者，但仍能为社会作贡献。

【知识点融合】

慢性肾衰竭是指各种肾脏病导致肾脏功能渐进性不可逆性减退，直至功能丧失所出现的一系列症状和代谢紊乱所组成的临床综合征，简称慢性肾衰。慢性肾衰的终末期即人们常说的尿毒症。尿毒症不是一个独立的疾病，而是各种晚期的肾脏病共有的临床综合征，是慢性肾功能衰竭进入终末阶段时出现的一系列临床表现所组成的综合征。慢性肾衰的终末阶段，出现一系列症状和代谢紊乱，从而形成尿毒症。尿毒症的诊断并非只看血肌酐的水平，还要综合上述各个系统的临床表现。在慢性肾功能不全的早期，临床上仅有原发疾病的症状，只在检查中可见肌酐清除率下降。这些尿毒症代偿期的患者常在应激情况下，肾功能突然恶化，并出现尿毒症症状，临床上称为可逆性尿毒症，如应激因素去除，肾功能常可恢复到代偿期。当患者进入尿毒症时期时，患者肾脏的损坏了超过90%，必须采取替代疗法，如血液透析和腹膜透析，否则毒素存留体内，对身体其他的脏器也会带来不可逆的损害。

【分析与启发】

1. 坚持理想，信念坚定 面对身体的病痛，贺玲没有变得一蹶不振，而是选择坚持自己的理想，坚持站在讲台上继续自己的事业。以坚定的信念回报社会，回馈她的孩子们。

2. 积极乐观，热爱生活 虽然病魔对贺玲百般折磨，但是她依然热爱讲台，热爱学生，认为只有站在讲台上才能发挥她的人生价值。既然自己没有办法选择不生病，但是自己可以选择积极面对生活，与其愁眉苦脸过一天，不如开开心心过一天。

思政故事

人工器官之父：威廉·科尔夫

在科尔夫的职业生涯中，他获得了来自世界各地大学的13个荣誉学位和127个国际奖项。他发明的人造肾脏挽救了2000多万人的生命，并改善了他们的生活质量。

科尔夫于1911年出生于荷兰莱顿镇的一个医生家庭。他是家中的长子，他的父亲是结核病疗养院的主任。科尔夫小时候有阅读障碍，常和木匠一起去周末学校读书，也许就是因为这段经历，科尔夫的动手能力极强。1937年，科尔夫从莱顿大学医学院毕业后前往格罗宁根大学医学院继续深造。1938年，科尔夫在目睹一位22岁的患者因急性肾功能衰竭而死亡后，决定研发一种替代肾脏的治疗方法。

科尔夫在图书馆找到了一篇关于动物血液透析的文章，并深受启发，开始做人造肾脏的实验。他将香肠肠衣作为半透膜，在肠衣里灌满血液并排掉空气，加入尿素，然后装满盐。他利用战斗机和废弃汽车的水泵、橙汁罐子、搪瓷浴缸、木鼓和人造香肠肠衣等，制成了一台“转鼓式人造肾脏”。

从 1944 年 3 月至 1945 年 7 月，科尔夫共治疗了 15 例尿毒症患者，仅存活一例，该例是由药物引起的急性肾功能衰竭。科尔夫总结认为，该例患者不是由人造肾脏救活的，而是由于排除了磺胺结晶，解除了肾小管梗阻，才让肾功能恢复。1945 年 9 月，科尔夫治疗了一位急性胆囊炎伴急性肾功能衰竭患者，在透析 11.5 个小时后才从昏迷状态恢复，且在 1 周后康复出院，这是人类历史上第一例由人造肾脏成功救活的急性肾衰患者。

【思政主题】

只要精神在，总有后来人。

【知识点融合】

肾脏移植是指通过手术，将器官捐献者的肾脏移植到接受移植的患者体内的过程。肾脏移植是治疗肾脏衰竭最好的方法，末期肾衰竭患者需要长期做透析治疗时，在患者本身条件适合时，肾脏移植可以为患者带来较佳的生活品质。然而，肾脏供体短缺加之需求量大，成为肾移植治疗的重大障碍。

人工器官是通过研究和模拟人体器官的结构和功能，用人工材料和电子技术制成部分或全部替代人体自然器官功能的机械装置和电子装置。当人体器官因病损无法通过常规方法医治时，使用人工制造的器官通过补偿、修复或辅助取代或部分取代病损的自然器官，从而达到暂时或永久性地恢复身体某些器官主要功能的目的。人工肾是一种替代肾脏功能的装置，主要用于治疗肾功能衰竭和尿毒症。它将血液引出体外利用透析、过滤、吸附、膜分离等原理排除体内过剩的含氮化合物、新陈代谢产物或逾量药物等，调节电解质平衡然后再将净化的血液引回体内。常见血液透析、腹膜透析、结肠透析。血液透析，简称血透，是血液净化技术的一种。其利用半透膜原理，通过弥散，使人体内各种有害及多余的代谢废物、过多的电解质排出体外，达到净化血液的目的，并达到纠正水、电解质及酸碱平衡的目的。而腹膜透析是利用腹膜作为半渗透膜，利用重力作用将配制好的透析液经导管灌入患者的腹膜腔，腹膜两侧溶质的浓度梯度差，高浓度一侧的溶质向低浓度一侧移动（弥散作用）；水分从低渗一侧向高渗一侧移动（渗透作用）。通过腹腔透析液不断更换，以达到清除体内代谢产物、毒性物质及纠正水、电解质平衡紊乱的目的。

透析疗法也有一定的不良反应，主要表现为恶心、呕吐、烦躁不安等，严重者可有抽搐、昏迷，甚至死亡等。

【分析与启发】

1. 总结经验，潜行学习 19 世纪，苏格兰化学家托马斯·格雷姆（Thomas Graham）利用牛的膀胱作为过滤分子的膜，制作出人类历史上第一个真正意义上的过滤器。他在这个发明的基础上，发现涂有蛋清的羊皮纸能够起到半透膜的作用，并在实验中发现晶体物质可以经羊皮纸扩散到水中，而胶体物质不能。他将羊皮纸发现的特殊弥散现象称为“透析”。当年发表的论文成为临床透析的重要基础理论。

美国化学家、生物学家约翰·阿贝尔在研究器官对物质的代谢作用时，也对渗透产生了兴趣。1913 年，他设计了第一台人工肾，用火棉胶制成管状透析器，从水蛭中提取的抗凝剂用于动物实验。他在研究人体时发现，大血管下面有小血管，小血管又连着毛细血管；虽然越来越细，但是物质交换的总面积大大增加，因而物质代谢的效率十分高。这给了他很大启发，他也在大管道下面，设置了很多平行的、细小的管道，用以增加渗透面积。同年 8 月 11 日，他提出“人工肾”的概念。

威廉·科尔夫的科学发明离不开对前人经验的总结。所有的成功都没办法一蹴而就，需要自己不断的思考和学习。

2. 心系生命，造福人类 1938 年，科尔夫亲眼看见了一位年轻人因暂时性肾衰而经历漫长痛苦的死亡过程。他由此推论，如果能够找到一种排出患者血液中蓄积的毒性废物的方法，便可以恢复患者肾功能以挽留他们的生命。科学家的优秀之处在于对生命不断的探索和研究，除人类之病痛，助健康之完美。科尔夫也正是有这样的坚持才能取得成功，挽救无数人的生命。

第十四章　常见传染病与寄生虫病

第一节　常见传染病与寄生虫病的相关知识

传染病是由病原微生物感染人体所引起的一类具有传染性的疾病。传染病的发生或流行必须同时具备传染源、传染途径及易感人群三个基本环节，切断其中任何环节都是传染病防治的关键。传染病的病原体常有一定的传播途径和入侵门户，其病变多定位于一定的组织或器官，并可在该部位引起特征性病变及其相应的临床表现。传染病的大流行可使疾病在一定时间内迅速传播，波及整个国家，甚至遍及全世界，严重危害人类的健康。

寄生虫病是人体感染寄生虫后引起的一类常见病和多发病，如蛔虫病、血吸虫病、丝虫病、阿米巴病等。寄生虫病的发生和流行除了具备传染源、传染途径及易感人群三个基本环节外，还具有区域性、季节性和自然疫源性等特点。

一、结核病

（一）基本概念

结核病是由结核杆菌引起的一种慢性感染性肉芽肿性炎症，可见于全身各器官，肺结核最常见。典型病变为结核结节形成，伴有不同程度干酪样坏死，临床上常表现为低热、盗汗、食欲不振、消瘦和血沉加快等中毒症状。

（二）病因和发病机制

结核病的病原菌是结核分枝杆菌，对人致病的主要是人型和牛型，主要经呼吸道传染，少数也可经消化道传染，偶可经皮肤伤口传染。

结核杆菌的致病性主要是由菌体和细胞壁内某些成分所决定结核病的免疫反应和超敏反应（Ⅳ型）常同时发生并相伴出现，贯穿疾病全过程，超敏反应的出现提示人体已获得免疫力，且同时伴随干酪样坏死。人体对结核杆菌产生特异的细胞免疫一般需 30 ～ 50 天，这种特异的细胞免疫在临床上表现为皮肤结核菌素试验阳性。

（三）病理变化

结核病的病理变化取决于细菌的数量、毒力、人体的反应性及病变组织特性的不同。

1. 以渗出为主的病变 在结核性炎症的早期或人体抵抗力低下、菌量多、毒力强时，主要表现为浆液性或浆液纤维素性炎。早期炎性病灶局部有中性粒细胞浸润，但很快被巨噬细胞所取代，此时在渗出液和巨噬细胞中可查见结核杆菌。此型好发于肺、浆膜、滑膜和脑膜等处。

2. 以增生为主的病变 在细菌量少、毒力较低或人体免疫反应较强时，则形成具有特征性的结核结节。结核结节是在细胞免疫的基础上形成的，是指由上皮样细胞、朗汉斯巨细胞，以及外周聚集的淋巴细胞和少量反应性增生的成纤维细胞构成的特异性肉芽肿，典型的结核结节中央常有干酪样坏死。此时的巨噬细胞体积增大，呈梭形或多角形，胞质丰富淡染，境界不清，细胞常有突起相互连缀，核呈圆形或卵圆形，染色质少，甚至可呈空泡状，核内有 1 ～ 2 个核仁。朗汉斯巨细胞是多个上皮样细胞相互融合或一个细胞，胞质丰富，核与上皮样细胞核相似，核的数目有十几个到几十个，核排列规则，呈花环状、马蹄形或密集在胞体一端。

单个结核结节直径约 0.1mm，不易被看到，3 ～ 4 个结节融合成较大结节时才能被见到。这种融合结节境界分明，粟粒大小，呈灰白色半透明状，有干酪样坏死时略显微黄，可微隆起于器官表面。

3. 以变质为主的病变 在结核杆菌数量多、毒力强、人体抵抗力下降或变态反应强烈时，上述渗出性或增生性病变均可继发干酪样坏死。坏死灶由于含脂质较多而呈淡黄色，均匀细腻，质地较实，状似奶酪或豆腐渣，故称为干酪样坏死。光镜下为红染无结构的细颗粒状物。干酪样坏死物中多含有一定数量的结核杆菌，成为日后结核病恶化进展的原因之一。

上述渗出、变质和增生等变化往往同时存在，并且以某一种改变为主，也可以互相转化，因此在同一器官或不同器官中的结核病变是复杂多变的。其中干酪样坏死与结核结节都是结核病的特征性病变，对本病的诊断具有一定的意义。

（四）疾病的转归

结核病的病变发展和结局取决于人体抵抗力和结核杆菌致病力之间的力量抗衡。当人体抵抗力增强时，结核杆菌被抑制、杀灭，病变转向愈合；反之，则转向恶化。疾病的转归有转向愈合和转向恶化。

1. 转向愈合

（1）吸收和消散　此为渗出性病变的主要愈合方式。渗出物经淋巴道或小血管吸收而使病灶缩小或消散。X 线检查可见边缘模糊、密度不匀的云絮状阴影逐渐缩小或被分割成小片，甚至完全消失，临床上称为吸收好转期。较小的干酪样坏死灶及增生性病灶，经积极治疗也有吸收消散或缩小的可能。

（2）纤维化、纤维包裹及钙化　增生性病变和小干酪样坏死灶，可逐渐纤维化，最后形成瘢痕而愈合。较大的干酪样坏死灶难以全部纤维化，则由其周边纤维组织增生将坏死物包裹，继而坏死物逐渐干燥、浓缩，并有钙盐沉着。病灶纤维化后，一般已无细菌存活，称为痊愈。在纤维包裹及钙化的结核灶内常有结核杆菌残留，病变处于相对静止状态，即为临床痊愈，但当人体抵抗力降低时仍可复发。X 线检查可见纤维化病灶呈边缘清楚、密度较高的条索状阴影；钙化灶为密度较高、边缘清晰的阴影。

2. 转向恶化

（1）浸润进展　疾病恶化时，病灶周围出现渗出性病变，范围可不断扩大，并继发干酪样坏死。X 线检查可见原病灶周围出现絮状阴影，边缘模糊，临床上称为浸润进展期。

（2）溶解播散　病情恶化时，干酪样坏死物可发生液化，形成的半流体物质可经体内的自然管道排出，致局部形成空洞。空洞内液化的干酪样坏死物中含有大量结核杆菌，可通过自然管道播散到其他部位，形成新的结核病灶；咳出物可形成传染源。X 线检查可见病灶阴影密度深浅不一，出现透亮区及大小不等的新播散病灶阴影，临床上称为溶解播散期。

二、伤寒

伤寒是由伤寒杆菌引起的，以全身单核巨噬细胞系统增生为主要特征的急性传染病。病变以回肠末端淋巴组织最为突出，故有“肠伤寒”之称。临床表现主要有持续高热、脉缓、神志淡漠、脾肿大、皮肤玫瑰疹、外周血白细胞计数减少等，严重者可并发肠穿孔、出血等。

（一）病因和发病机制

1. 病因 该病的病因为伤寒杆菌，它是一种抗原性、致病力均较强的革兰阴性沙门氏菌，属 D 族。其菌体“O”抗原、鞭毛“H”抗原及表面“Vi”抗原均可刺激人体产生相应抗体，前两者的抗原性较强。菌体裂解时产生的内毒素是伤寒杆菌致病的主要因素。伤寒患者和带菌者是本病传染源，主要经消化道传播。苍蝇、蟑螂等可作为媒介。本病多见于儿童和青年，发病以夏、秋两季多见。

2. 发病机制 患者摄入伤寒杆菌污染的食物及饮用水后，是否发病与人体抵抗力及进入胃内的菌量有关。少量细菌可被胃酸杀灭，当感染菌量较多（至少 10^5）但未被胃酸杀死的细菌可进入小肠，穿过小肠黏膜上皮细胞侵入肠壁淋巴组织，如回肠末端的集合淋巴小结和孤立淋巴小结，继续生长。此时，虽引起巨噬细胞增生，但细胞免疫杀菌力尚未形成，而对细菌无限制作用，细菌继续沿淋巴管进入肠系膜淋巴结繁殖，并在巨噬细胞内生长，又可经胸导管进入血液，形成第一次菌血症。

血中细菌很快被全身单核巨噬细胞系统的细胞吞噬并在其中繁殖，引起肝、脾、淋巴结肿大，此时患者尚无临床症状称为潜伏期，约 10 天。其后，在巨噬细胞内繁殖的细菌及其释放的内毒素再次大量入血，形成第二次菌血症或败血症，引起全身中毒症状。病变主要发生于回肠末段，其肠壁的淋巴组织出现明显的增生肿胀，此时相当于疾病的第 1 周。当由肝脏进入胆囊的大量细菌随胆汁再次进入肠腔时，穿过肠黏膜进入肠壁，接触已致敏的回肠末端肠壁淋巴组织，引起强烈超敏反应，使局部肠黏膜坏死、脱落及溃疡形成，此时相当于疾病的第 2 ～ 3 周。一般在第 4 周，随着患者细胞免疫的增强，细菌逐渐被消灭，病变痊愈。

（二）病理变化

1. 基本病理变化　伤寒的病变特征是全身单核巨噬细胞系统的急性增生性炎。光镜下可见巨噬细胞增生，并吞噬伤寒杆菌、红细胞、淋巴细胞及细胞碎片，称为伤寒细胞。大量伤寒细胞聚集成境界清楚的结节状病灶，称为伤寒肉芽肿或伤寒小结，是伤寒的特征性病变，具有病理诊断意义。

2. 肠道病变　伤寒最明显的病变位于肠道，以回肠下段集合淋巴小结和孤立淋巴小结的病变最为典型和多见。病变过程可分四期，每期约 1 周。

（1）髓样肿胀期　回肠下段因固有层淋巴小结内大量巨噬细胞增生而使黏膜肿胀，呈灰红色，质软。其中以集合淋巴小结肿胀最为明显，突出黏膜表面，呈椭圆形，状如脑回样隆起，故名髓样肿胀。光镜下肠壁淋巴组织内，可见典型的伤寒肉芽肿。

（2）坏死期　肿胀的黏膜因毒素、受压或过敏等因素发生坏死，失去光泽，呈灰白色或黄绿色。光镜下呈无明显结构的红染区。

（3）溃疡期　坏死黏膜组织因溶解、液化而脱落，形成溃疡。集合淋巴小结处的溃疡呈椭圆形，其长轴与肠管长轴平行。孤立淋巴小结处的溃疡小而圆，溃疡边缘稍隆起，底部不平，常深及黏膜下层，偶有深达肌层及浆膜，甚至肠穿孔。

（4）愈合期　溃疡底部逐渐有肉芽组织增生，填补肠壁缺损。接近黏膜表层时，由溃疡边缘肠上皮细胞增生覆盖于肉芽组织表面而愈合。

由于上述肠道病变，患者出现食欲减退、腹部胀痛、便秘或腹泻等症状，右下腹可有轻度压痛。病程第 1 周因败血症及肠道病变而开始出现持续高热，可达 40℃。第 2 周粪便细菌培养阳性。第 4 周因病变逐渐愈合而体温下降。由于早期有效抗生素的应用，目前临床上很难见到上述四期的典型病变。

3. 肠外单核巨噬细胞系统病变　肠系膜淋巴结、肝、脾及骨髓均因伤寒杆菌侵入引起巨噬细胞弥漫性增生而使相应脏器肿大。镜下观，各脏器内可见伤寒肉芽肿形成及灶性坏死。因骨髓内巨噬细胞增生、压迫及伤寒杆菌的毒素作用，可导致外周血中中性粒细胞减少。

4. 非单核巨噬细胞系统病变　包括：①伤寒杆菌毒素可使心肌细胞水肿或坏死，重者可引起中毒性心肌炎，也可引起迷走神经兴奋性增加而出现脉缓的现象；②肾小管上皮细胞可有水肿，肾小球毛细血管壁可有免疫复合物沉积，从而引发蛋白尿；③皮肤因菌血症时细菌栓塞导致局部出现淡红色小斑丘疹，称为玫瑰疹，多见于胸、背及腹部；④膈肌、腹直肌或股四头肌常发生凝固性坏死，使患者肌肉疼痛和皮肤知觉过敏；⑤伤寒杆菌可在胆汁内繁殖，即使患者临床症状消失后，胆囊中仍有伤寒杆菌生存，使其成为带菌者，但胆囊无明显炎症或仅有轻度炎症。

（三）疾病的转归

伤寒患者常在 4 ～ 5 周随特异性免疫功能的形成或适当治疗而逐步痊愈，并可获得较强的免疫力。少数患者可出现如下并发症。

1. 肠出血和肠穿孔 常在病程第 3 周因溃疡形成过程中腐蚀血管而出血，或因溃疡较深伴肠蠕动增强而引起穿孔，肠出血、穿孔可分别导致休克、弥漫性腹膜炎等危及生命。

2. 支气管肺炎 多见于儿童，因抵抗力下降或继发肺炎球菌等感染而引起。

3. 中毒性心肌炎 重症患者伤寒杆菌毒素作用的结果，表现为心率快、第一心音减低、心律不齐、舒张期奔马律等。

三、血吸虫病

血吸虫病是我国南方流行的主要地方性寄生虫病之一，是由血吸虫寄生于人体引起的寄生虫病。寄生于人体的血吸虫主要有六种，即日本血吸虫、曼氏血吸虫、埃及血吸虫、间插血吸虫、湄公血吸虫及马来血吸虫，我国仅有日本血吸虫流行。

（一）病因

日本血吸虫生活史包括虫卵、毛蚴、胞蚴、尾蚴、童虫和成虫等发育阶段。成虫以人体或其他哺乳动物如狗、猫、猪、牛及马等为终宿主，寄生在门静脉－肠系膜静脉系统内；自毛蚴至尾蚴的发育繁殖阶段，以钉螺为中间宿主。

（二）病理变化

1. 尾蚴及童虫引起的病变

（1）*尾蚴性皮炎*　尾蚴穿透皮肤时可引起真皮内毛细血管扩张充血、出血，其周围有中性粒细胞和嗜酸粒细胞浸润。局部皮肤出现红色丘疹。

（2）*肺部病变*　童虫随血流移行至肺部，可穿破肺泡壁毛细血管进入肺组织，引起点状出血及炎细胞浸润。

（3）*其他病变*　童虫在人体内随血流移行时，如进入门静脉系统以外的部位，因不适宜继续发育而最后死亡，其代谢产物和死亡虫体的分解产物，可引起发热、荨麻疹、血中嗜酸粒细胞增多等变化。

2. 成虫及其代谢产物所引起的病变　成虫寄生在肠系膜静脉，可引起局部静脉周围炎或血栓性静脉内膜炎，其代谢产物可引起贫血、嗜酸粒细胞增多、脾肿大、肝 Kupffer 细胞内褐色素沉着。褐色素是成虫吞食红细胞后，将血红蛋白分解而形成的一种血红素样色素。

3. 虫卵沉着于组织内所引起的病变　虫卵在组织内形成虫卵结节是血吸虫病最重要的病变。按虫卵的成熟程度和病变发展过程，可分为急性虫卵结节和慢性虫卵结节。

（1）*急性虫卵结节*　由成熟虫卵所引起，为粟粒至黄豆大小的灰黄色结节。镜下见结节中央有一至数个成熟虫卵，卵壳上附有一层嗜酸性的棒状体。免疫荧光法证实为抗原 - 抗体复合物。虫卵周围是一片无结构的颗粒状坏死物质和大量嗜酸粒细胞浸润，最外为少量新生的肉芽组织，称为嗜酸性脓肿。

（2）*慢性虫卵结节*　急性虫卵结节经十余天后，肉芽组织逐渐向虫卵结节中央生长，并出现围绕虫卵成放射状排列的类上皮细胞、异物巨细胞和淋巴细胞，整个虫卵结节类似结核结节的形态结构，称为“假结核结节”。最后整个结节发生纤维化。

（三）主要器官的病变

1. 肠道　病变常弥漫分布于盲肠至直肠的全部大肠，尤以直肠、乙状结肠和降结肠最明显，主要由虫卵沉积引起。早期肠黏膜红肿，有散在分布的褐色或灰黄色细颗粒状突起的病灶。病灶处黏膜常坏死脱落，形成浅表溃疡，溃疡边缘充血。镜下见病灶处充血、水肿明显，有成堆虫卵沉积在黏膜及黏膜下层，形成急性虫卵结节和慢性虫卵结节。晚期肠壁增厚、变硬，并可形成息肉，少数患者可发生结肠癌。

2. 肝脏 虫卵随门静脉血流到达肝脏，由于虫卵直径大于门静脉末梢分支的口径，不能进入肝窦，虫卵引起的病变主要在汇管区。急性期肝脏轻度肿大，表面及切面可见多个大小不等的灰白或灰黄色、粟粒或绿豆大小的小结节。镜下在汇管区附近见许多急性虫卵结节，肝细胞受压萎缩，也可有变性及小灶性坏死。

慢性期由于慢性虫卵结节和纤维化，使肝脏缩小变硬，形成血吸虫性肝硬化。肝小叶并未遭受严重破坏，一般不形成假小叶，但汇管区纤维化特别明显，切面上见门静脉周围纤维组织呈树枝状分布。由于虫卵阻塞在门静脉小分支内，引起血栓形成和机化，引起窦前阻塞，故门脉高压症较门脉性肝硬化严重，常有腹腔积液生成。

3. 脾脏 由于血吸虫代谢产物的刺激及晚期的门脉高压症，脾脏可显著增大，临床上可出现脾功能亢进症状。

第二节　常见传染病与寄生虫病之课程思政

思政故事

李曦和她的结核病患儿们

李曦在2019年6月召开的中华医学会结核病学分会全国年会上，荣获“建国70载结防战线优秀人物”称号。李曦因从事结核病防治事业十多年，有许多感人事迹，成为79名全国“结核病防治时代人物”之一，她也是四川省唯一获得这荣誉称号的医务工作者。

很多结核病患儿在刚来医院时病情普遍有被耽误的情况。儿童结核普遍易被忽视甚至误诊，这与重视程度不足有关。

相对于成年人，儿童结核的检查要困难得多。在每星期一的早晨，李曦上班时会提上一个保温桶，里面装的要么是肉丸子，要么是炖品，那是她给病区的结核病患儿们准备的食物。住院的患儿为1～5岁，大部分来自农村，而且很多患儿是爷爷奶奶在医院照顾的，他们缺乏科学喂养孩子的知识，导致患儿普遍欠缺营养，为康复带来一定的负性影响。

在结核二病区，李曦用这种温情的举动带动了所有医务人员，她忙的时候，这些医务人员主动做饭并带到病区。不仅如此，他们还经常给家庭较贫困的患儿送衣服或药品。

【思政主题】

所谓大医精诚者，仁心仁术也。

【知识点融合】

结核病是由结核分枝杆菌感染引起的一类传染性疾病，具有一定的传染性，并且危害较大，所以应该重视结核病的防治。肺结核主要通过呼吸道传播，患者咳嗽、打喷嚏、大声说话或吐痰时，将带有结核杆菌的飞沫排出体外，形成带菌微滴飘浮在空气中，被他人吸入后造成感染。与结核患者有长期密切接触的人，感染的可能性非常高。一个肺结核患者每年可能感染10～15人（或更多）。然而，并不是所有结核杆菌携带者都会发病。部分潜伏感染者的机体能自动清除病菌，更多人潜伏感染的状况可持续数年甚至一辈子也不会发病，这与机体的免疫状态密切相关。处于结核病潜伏期的人，结核杆菌在人体内处于一种休眠状态，并不活跃，也没有传染性。结核病的防治包括接种疫苗、控制传染源、切断传播途径、保护易感人群、保持良好的生活习惯等。

卡介苗（BCG）是一种用于预防儿童结核病的疫苗，由减毒后的牛型结核杆菌制成，新生儿一般需要在出生后24小时之内完成接种，即使因健康等原因或者是接种不成功的婴幼儿必须争取在12月龄内接种完成。BCG主要用于预防儿童结核病，特别是预防结核性脑膜炎和急性血行播散型结核病等重症结核病。

【分析与启发】

1. 医术精湛，因人制宜　李曦强调儿童结核与成人结核有很大的不同，它传染性低，早期往往无症状或不易被察觉，而且结核诊断的常规检查是检查痰液，但儿童很多都不会配合吐痰，这给第一时间准确诊断带来了麻烦；另外，非传染病医疗机构因为专业所限，通常不会往结核病方向考虑。李曦提倡除了做胸部X线、CT检查外，还要结合胃液抽取、儿童纤支镜等检查手段，才能提高儿童型肺结核病的检出率。

2. 医德高尚，细致入微　她是儿童病房里的“李妈妈”，她教家长们如何喂养孩子，但因为家长们对健康知识的了解不足，以及经济方面等原因，孩子还是得不到很好的营养保障，这时李曦决定亲手为孩子们做饭。李曦用这种温情的举动影响了她身边的医务人员。她不但医德高尚，而且细致入微。

（钟小冬　蒋青青）

主要参考文献

1. 刘春英，高维娟 . 病理学 . 北京：中国中医药出版社 . 2021.
2. 王谦，高维娟 . 病理学 . 北京：科学出版社 . 2017.
3. 黄启福，王谦 . 病理学 . 北京：科学出版社 . 2013.
4. 陈杰，周桥 . 病理学 . 北京：人民卫生出版社 . 2019.
5. 王建枝，钱睿哲 . 病理生理学 . 北京：人民卫生出版社 . 2020.
6. 顾方舟，范瑞婷 . 一生一事：顾方舟口述史 . 北京：商务印书馆 . 2019.

后　记

《病理学课程思政教学设计》是在积极深入学习、贯彻落实习近平总书记在全国高校思想政治工作会议上的讲话精神，结合病理学课程专业知识教学特点及规律，编写组精心组织编写的一本融课程重点专业知识和思政育人元素为一体的思政读本。该书的编写及付梓出版得到了江西中医药大学教材编写委员会的大力支持与资助，也得到了刘端勇主持的江西中医药大学第四批课程思政示范课程（项目编号：KCSZ0415）、江西省教育教学改革课题（项目编号：JXJG–16–40–4）及王晓敏主持的2020年江西省高水平本科教学团队 – 病理学教学团队项目（赣教高字〔2020〕34号）等大力支持与资助。在全体编写组的不懈努力和中国中医药出版社的大力帮助下，该书得以顺利出版。我们将继续坚持立德树人宗旨，坚持以学生为中心，继续深入挖掘病理学课程元素的科学内涵，将病理学课程专业知识传授与思政育人巧妙融合，提高病理学教学质量，为培养具有远大理想的社会主义接班人而努力奋斗。

新时代赋予了我们新的力量，唯有奋斗才能不负时代、不负韶华，努力永远在路上。